Friedrich Bodenstedt

und

Mirza Schaffy

JOHANNES MUNDHENK

Friedrich Bodenstedt und Mirza Schaffy

in der aserbeidschanischen
Literaturwissenschaft

BUSKE

Bibliographische Information der Deutschen Nationalbibliothek

Die Deutsche Nationalbibliothek verzeichnet diese Publikation in der Deutschen Nationalbibliographie; detaillierte bibliographische Daten sind im Internet über ‹http://portal.dnb.de› abrufbar.
ISBN 978-3-87118-023-1

MIRZA SCHAFFY

Zum umstehenden Porträt vgl. S. 55, Fussnote 1
Aus: Friedrich Bodendtedt's Gesammelte Schriften in 12 Bänden,
1. Band. Berlin 1891 (Tausend und ein Tag im Orient).

VORWORT

Die folgende Untersuchung verdankt ihren Ursprung einem kurzen, aber
höchst überraschenden Gespräch in Baku. Der Verfasser hatte vor einer
Reise nach Tiflis (1967) das köstliche Buch Friedrich Bodenstedts
"Tausend und ein Tag im Orient" zweimal durchgelesen und empfand nun
hinter dem gegenwärtigen Tiflis gleichzeitig auch den Zauber des vergangenen. Noch einmal ergötzte ihn die halbvergessene Gestalt des "Weisen
von Gandscha", dessen Gedichte Bodenstedt in sein Buch eingeflochten hatte, die er später gesondert herausgab und von denen er schließlich gestand,
sie entstammten nicht dem Munde eines orientalischen Weisen, sondern
seiner eigenen Feder. Und damit hatte denn auch die ganz Europa erfassen-
de Mirza-Schaffy-Begeisterung in der Mitte des vergangenen Jahrhunderts
bald ihr Ende gefunden. Eine neue Generation fand am Inhalt dieser Lieder
keinen Geschmack mehr. Nur noch dem, der Tiflis nicht nur mit den Augen
des Touristen zu sehen wünschte, konnte sie noch einmal ein flüchtiges Ver-
gnügen bereiten.

Nun richtete ich bei einem Abstecher nach Baku, der Hauptstadt Aserbeidschans, an unseren dortigen aserbeidschanischen Dolmetscher die halb
scherzhaft gemeinte Frage, ob er je den Namen eines aserbeidschanischen
Dichters Mirza Schaffy gehört habe, worauf der mit fast entrüstetem Stolz
antwortete: Selbstverständlich! Das ist ja einer der großen Dichter Aserbeidschans im 19. Jahrhundert gewesen. Verwundert drang ich weiter in
ihn und fragte, ob ihm etwa auch der Name des deutschen Schriftstellers Bodenstedt je begegnet sei. Und ich hatte Glück: der recht gut belesene Dolmetscher Rafi kannte ihn nicht nur, sondern machte zugleich auch seiner
Empörung Luft: Das sei jener üble "Plagiator" gewesen, der die so großar-
tigen Gedichte Mirza Schaffys für sich selbst in Anspruch genommen habe.

Da ich, mit der Quellenfrage bis dahin wenig vertraut, nichts Rechtes
zu entgegnen wußte, ließ ich es bei diesem Schluß bewenden. Nach Beendi-
gung der Reise ging ich der Frage nach der Echtheit der "Lieder des Mirza
Schaffy" nach, soweit es das deutsche und das geringe russische Material,

dessen ich habhaft werden konnte, gestattete. Und ich wurde - trotz der
kurzen Artikel in sowjetischen Enzyklopädien - in der Meinung nur bestärkt, daß Bodenstedts Geständnis zu trauen sei.

Um aber den Aserbeidschanen gerecht zu werden, suchte ich in den
Besitz aserbeidschanischer Literatur über Mirza Schaffy zu gelangen. Ein
Glücksfall kam mir zu Hilfe. Im Sommer 1969 erhielt ich durch die Freundlichkeit eines Bakuer Professors ein eben erst erschienenes Buch über
Mirza Schaffy, mit dem ich mich dann gewissenhaft auseinanderzusetzen
versuchte. Doch aus Sorge, einseitig erscheinen zu können, beschaffte ich
mir schließlich aus der Lenin-Bibliothek in Moskau die verfügbare weitere
Literatur zur Mirza-Schaffy-Frage. Nur auf die aserbeidschanisch geschriebene mußte ich verzichten, ein Nachteil, der deshalb kaum ins Gewicht fällt,
da die wenigen Publikationen - mit einer Ausnahme - entweder nur russisch
oder in russischen und aserbeidschanischen Parallelausgaben erschienen
waren, so daß meine Übersicht so gut wie vollständig ist. Das wenige, das
mir unzugänglich geblieben ist, ist in dem 1969 erschienenen Buche gründlich besprochen und mitverwertet. - Meines Wissens ist die Mirza-Schaffy-
Renaissance in Aserbeidschan bisher noch nicht Gegenstand einer Untersuchung geworden.

Die vorliegende Studie verrät deutlich die Spuren ihres Werdegangs,
und die wollte ich nicht mehr verwischen. Der erste Teil wurde im Herbst
1969 geschrieben, als mir noch keine Werke aserbeidschanischer Autoren
zur Verfügung standen. Der mittlere Teil entstand bald nach der Auseinandersetzung mit Sseid Sade, dem Verfasser der bisher umfangreichsten
Schrift über Mirza Schaffy. Ich glaubte, damit schließen zu können, weil in
ihr das frühere Material verwertet war. Den dritten Teil fügte ich hinzu,
als ich - nach Durcharbeitung der weiteren Literatur - erkannte, daß die
Gesichtspunkte und die Resultate anderer Gelehrter zum Teil doch wesentlich
von denen Sseid Sades abwichen. - Ich bitte den Leser um Nachsicht, weil
er nun gleichzeitig mit einer ziemlich erschöpfenden Einblicknahme in das
Problem selbst auch die Genesis meiner Auseinandersetzung mit ihm in
Kauf nehmen muß, was der Arbeit andererseits einen zusätzlichen Reiz ver-
schaffen mag. Einige dadurch bedingte Überschneidungen möge er verzeihen.

Bei der Schreibung der russischen und der aserbeidschanischen Namen ergaben sich Schwierigkeiten, die mich schließlich veranlaßten, der herkömmlichen deutschen Schreibweise vor der wissenschaftlichen Transskription den Vorzug zu geben und nur im Falle von Undeutlichkeiten die wissenschaftliche Schreibung hinzuzufügen. Den Namen Mirza Schaffy habe ich in der bodenstedtschen Form übernommen, nur da, wo ich zitiere, habe ich die russische Schreibweise "Mirsa Schafi" verwandt.

Ein Wort ausdrücklicher Anerkennung gebührt der Inauguraldissertation Karl Sundermeyers vom Jahre 1930, den ich in meinen Ausführungen nur am Rande herangezogen habe ("Friedrich Bodenstedt und die Lieder des Mirza Schaffy", Kiel 1930). Er kann auf die in Aserbeidschan aufgebrochene Glorifizierung Mirza Schaffys natürlich noch keinen Bezug nehmen. Aber er hellt die Beziehung Bodenstedts zu seinen literarischen Zeitgenossen (besonders dessen Abneigung gegen Scheffel, Geibel und vor allem Redwitz) erfreulich auf, und man muß ihm besonders den Nachweis glauben, daß sich hinter der Gestalt Mirza Jussufs, des Rivalen Mirza Schaffys, Viktor von Scheffel verbirgt. Die vorliegende Studie gilt der Auseinandersetzung mit den Ansprüchen der Aserbeidschanen. Sundermeyers Studie wird vor allem der Stellung Bodenstedts innerhalb der zeitgenössischen deutschen Literatur gerecht.

INHALT

		Seite
Vorwort		5 - 7
I.	Mirza Schaffy in der deutschen Literaturgeschichte	11 - 23
	Bekanntwerden Mirza Schaffys in Deutschland und erste Begeisterung	11
	Adolf Bergés Mitteilungen über Mirza Schaffys Leben	12 - 13
	H. Brugschs Klage über das Fehlen aller Spuren Mirza Schaffys in Tiflis	13 - 14
	Bodenstedt bekennt seine Fälschung	15 - 18
	Die Mirza-Schaffy-Begeisterung geht in Kritik über	18 - 20
	Nachträgliche Würdigung Bodenstedts	20 - 21
	Proben aus den "Liedern des Mirza Schaffy"	21 - 23
II.	Entdeckung einer Mirza-Schaffy-Renaissance in Sowjet-Aserbeidschan	24 - 27
III.	Die letzte und umfassendste Darstellung Mirza Schaffys durch den aserbeidschanischen Literarhistoriker Sseid Sade	27 - 57
	Gedankengang seines Werkes im ganzen	27 - 32
	Besondere Ausführungen:	
	Der von Mirza Schaffy gegründete "Diwan der Weisheit"	32 - 36
	Die philosophische Weltanschauung Mirza Schaffys	37 - 42
	Das Quellenmaterial:	
	deutsche Quellen,	43 - 44
	aserbeidschanische und russische Quellen und Sekundärliteratur	44 - 53
	Kritik an Sseid Sade	54 - 56
	Text eines von Bergé übermittelten Gedichtes Mirza Schaffys	56 - 57
IV.	Zur Entwicklungsgeschichte der aserbeidschanischen Mirza-Schaffy-Renaissance	57 - 82
	Übersicht	57 - 58
	Kotscharli 1903	58 - 61
	Jenikolopow 1928	61 - 70
	Die Bedeutung des Armeniers Abowian	65 - 68
	Rafili 1959	70 - 82
	Gedichte Mirza Schaffys bei Rafili	80 - 81

Seite

V. <u>Zusammenfassung</u>   83 - 88

    1. Zur Biographie Mirza Schaffys   83 - 84
    2. Zum angeblichen Plagiat Bodenstedts   84 - 86
    3. Zu den Liedern Mirza Schaffys   86 - 88

VI. Nachtrag: <u>Über ein angebliches späteres Zerwürfnis zwischen Mirza Schaffy und dem Komödiendichter Achundow</u> (gegen Sseid Sade)   89 - 94

VII. <u>Biographische Daten</u>   95 - 96

VIII. <u>Quellen und wichtigste Sekundärliteratur</u>   97 - 98

IX. <u>Register</u>   99 - 108

Vor hundert Jahren war der Name des "tatarischen" (d. h. aserbeidschanischen) Dichters "Mirza Schaffy" aus Tiflis jedem einigermaßen Belesenen in ganz Europa vertraut. Der jetzt fast in Vergessenheit[1] geratene deutsche Dichter, Reiseschriftsteller, Dramaturg und Universitätsprofessor Friedrich (von) Bodenstedt hatte ihm in seiner reizvollen transkaukasischen Reisebeschreibung "Tausend und ein Tag im Orient" ein Denkmal gesetzt. (3 Bände, 1. Aufl. 1849/50) und in sie eine große Anzahl von Gedichten seines tatarischen Freundes eingefügt. Sein Reisebericht hatte den erstaunlichsten Erfolg. Auf Anregung seines Verlegers veröffentlichte Bodenstedt ein Jahr darauf (1851) eine gesonderte Sammlung von "Liedern des Mirza Schaffy", die 1881 ihre 100. und 1922 ihre 149. Auflage erlebte. Seitdem ist ein Neudruck nicht mehr erfolgt. Die Wirkung dieses Büchleins übertraf alle Erwartungen. Bald wurde es in fast alle europäischen Sprachen übersetzt, natürlich auch, wenn auch unvollkommen, ins Russische. Sogar die Juden konnten es auf Hebräisch lesen.

Die Begeisterung für Mirza Schaffy ähnelte der Erregung, die die (angebliche) Wiederauffindung der ossianschen Gesänge im 18. Jahrhundert geweckt hatte. Sie übertraf an Wirkung alle bisherigen Übertragungen oder Nachdichtungen orientalischer Poesie (vor allem durch Friedrich Rückert). Nur erlosch sie schneller, und schließlich verlor sich ihre Spur so gut wie ganz. An der Ernüchterung war einerseits das Eingeständnis Bodenstedts schuld, die Gedichte seien nur dem Geiste, nicht aber dem wirklichen Diktat Mirza Schaffys zu verdanken (1874), nachdem die Orientalisten schon mehrfach Bedenken gegenüber ihrer Echtheit ausgesprochen hatten,[1] andererseits der veränderte literarische Geschmack. Allmählich geriet mit Bodenstedt selbst auch Mirza Schaffy in fast völlige Vergessenheit.

Daß Mirza Schaffy wirklich gelebt hat (1792 - 1852), ist allerdings nur von wenigen Fachgelehrten angezweifelt worden. Die genauesten Daten

---

1) Sseid Sade ist die Feststellung zu verdanken, daß u. a. Jakob Philipp Fallmerayer (1790-1861), der bedeutende Historiker und Orientalist in München, schon 1854 in der "Augsburger Allgemeinen Zeitung" kritische oder gar skeptische Fragen wegen der Echtheit der "Lieder des Mirza Schaffy" an Bodenstedt richtete.

über ihn erfahren wir aus der Feder des russischen Staatsrates Adolf Bergé, der in der "Zeitschrift der deutschen morgenländischen Gesellschaft" im Jahre 1870 (24. Band) alles verfügbare Material zusammengetragen hatte. Schaffy war 1792 (nach anderen - so auch in der Großen Sowjetenzyklopädie von 1951 - erst 1805) in der kleinen Residenzstadt des damals noch persischen Chanats Gandscha (später Elisabetpol, jetzt Kirovabad) als Sohn eines Baumeisters geboren. Nach dem Tode seines Vaters war er unter den Einfluß eines vornehmen, eigenwilligen und unorthodoxen Kaufmanns und Philosophen namens Hadshi-Abdulla geraten. Beide bewahrte nur die schon vorläufig begründete russische Herrschaft im Chanat vor muselmanischer Verfolgung. Während einer kurzfristigen Wiederherstellung der persischen Souveränität verwaltete Mirza Schaffy für die Tochter des Chans von Gandscha deren Palast und zwei ihrer Dörfer. Nachdem die Russen endgültig ihren Besitz befestigt hatten, mußte die Familie des Chans nach Persien fliehen. Völlig verarmt fristete Mirzy Schaffy sein Leben in einer Zelle der Medrese in Gandscha mit dem Abschreiben islamischer Handschriften (nach Bodenstedt ist er lebenslang der Buchdruckerkunst feind geblieben). Schließlich verschafft ihm die Freundschaft mit dem bedeutendsten aserbeidschanischen Dichter des 19. Jahrhunderts, Mirza Feth-Ali Achundow (geboren 1812 in der Hauptstadt des kleinen Chanats Nucha, Verfasser von Komödien, die auch ins Russische und ins Französische übertragen wurden; damals Major beim kaukasischen Statthalter in Tiflis), eine bescheidene Stellung als Lehrer der orientalischen Sprachen in der Kreisschule in Tiflis (1840). Sechs Jahre später kehrt er noch einmal, nun als Lehrer, in seine Heimatstadt (aus der übrigens auch der große persische Epiker Nisami - gegen 1200 - stammte und in der er sein ganzes Leben verbracht hatte) zurück. 1850 läßt er sich wieder in Tiflis nieder und bekleidet nun eine Stellung als Unterlehrer für orientalische Sprachen am Adligen Gymnasium in Tiflis. Dort stirbt er zwei Jahre später an einer Magenentzündung.

So weit die Ermittlungen Bergés. Dieser fügt hinzu, daß niemand in Tiflis ihn als Dichter kenne und daß er sich selbst nie als solchen ausgegeben habe. Als Gewährsmann führt Bergé Achund Mulla Achmed, den Scheich ul-Islam in Tiflis, an, Bergés und Mirza Schaffys Freund. Nach Mirza

Schaffys poetischer Bedeutung befragt, habe dieser sogar ein Lächeln auf
den Gesichtern aller Mullas gefürchtet, die ihn persönlich gekannt hätten.
Daß er tatsächlich einmal ein Distichon und ein Gasel verfaßt habe, unter-
scheide ihn nicht von vielen anderen seiner Zeitgenossen. Dieses Distichon
sei hier im Wortlaut wiedergegeben:

> "Wie lange noch wird jene Zauberin ihr Herz
> vor diesem Herzen angstvoll beben sehen
> und vor herzlosen Freunden
> ihr Herz in Ruhe bewahren?"

Derselbe Bergé hatte schon zwei Jahre vorher als Präsident der Archäologischen Kommission in Tiflis (1868) eine Sammlung der ihm zugänglichen
aserbeidschanischen Literatur des 18. und 19. Jahrhunderts unter dem Titel
"Dichtungen transkaukasischer Sänger des XVIII. und XIX. Jahrhunderts in
aserbeidschanischer Mundart" herausgegeben (erschienen in Leipzig 1868 in
aserbeidschanischem Urtext und arabischer Schrift) und sie durch kurze Biographien der ihm bekannt gewordenen aserbeidschanischen Dichter deutsch
eingeleitet. Er zählt deren 9 auf. Als einzige Quelle führt er seinen Freund
Mirza Feth-Ali Achundow an, denselben, der oben als Freund Mirza Schaffys genannt wurde, und schließt mit der Bemerkung, das sei "alles, was die
volkstümliche Literatur der transkaukasischen Musulmanen bis jetzt her-
vorgebracht" habe. Mirza Schaffy findet darin keine Erwähnung. Auch
Achundow scheint ihn als Dichter nicht zu kennen.

Ähnlich steht es mit dem bedeutenden Werk des ungarischen Turkologen Hermann Vambéry "Das Türenvolk in seinen ethnologischen und ethno-
graphischen Beziehungen" (Leipzig 1885). In einem besonderen Kapitel geht
er auf die Iranischen Türken oder Aserbeidschanen und ihre Dichtung ein,
zitiert Bergés Sammlung, fügt einige weitere volkstümliche Gedichte hinzu,
nennt aber Mirza Schaffy ebensowenig.

Eingefügt sei an dieser Stelle ein noch älteres Zeugnis, mit dem
wahrscheinlich die Geschichte des Zweifels an der Echtheit der Lieder des
Mirza Schaffy beginnt, nämlich das des Ägyptologen Heinrich Brugsch,
der sich 1860 in Tiflis aufgehalten hatte, eigens zu dem Zwecke, den Spuren des berühmten Mirza Schaffy nachzugehen. Darüber berichtet er in seinem Werke "Reise der K. Preussischen Gesandtschaft nach Persien 1860-61"

(Leipzig 1862 Bd. I). Noch ganz erfüllt von der allgemeinen Begeisterung
für den kindlich selbstbewußten Dichter, der sich (nach Bodenstedt) als
den größten lebenden Weisen des Morgenlandes, ja der ganzen Menschheit,
gepriesen hatte, der, sich den "Weisen von Gandscha" nennend, seinen
Nebenbuhler, den "Weisen von Bagdad", mit dem Hausschuh in der Hand
aus seiner Kammer herausgeprügelt hatte, muß er folgende traurige Ent-
deckung machen:

"Unter allen berühmten Personen, deren Bekanntschaft uns Tiflis besonders lieb und wert gemacht hatte, war es eine allein, die wir vermißten
und nicht aufzufinden vermochten, Bodenstedts lustigen Mirza Schaffy, den
Weisen von Gjändscha.. Freilich hatten die Zeitungen schon ein paar Jahre
vor unserer Anwesenheit in Tiflis die Kunde von seinem Hinscheiden gemel-
det und wir hätten somit nur sein Grab besuchen können. Niemand wußte uns
anzugeben, wo ein gewisser Mirzy Schaffy nach seinem Tode gebettet war.
Wir trösteten uns mit der Vorstellung, daß nicht Grabhügel und Monumente
eines Dichters Ruhm bewahren, sondern daß in seinen Liedern sein Name
fortlebe. Aber auch darin wurden wir gewaltig getäuscht. Niemand, weder
Perser noch Grusiner, weder Russe noch sonst ein Europäer, kannte die
Lieder des lebenslustigen Mirza, Lieder, die bei uns in der deutschen Heimat in das Volksleben eingedrungen sind. Ist Mirzy Schaffy denn so ganz
verschollen, daß niemand mehr eine Erinnerung seines Namens und seiner
Lieder hat? Eine einzige Person, der Apotheker Schmidt, von Geburt ein
Deutscher, hatte eine schwache Vorstellung von einem armen Tataren, der
einst Bodenstedts Lehrer für das Tatarische gewesen war. Er vermutete,
das müsse Bodenstedts lustiger Mirza Schaffy gewesen sein. Armer Mirza,
dachte ich, wie undankbar war das Schicksal gegen dich, daß deine Lieder
nur in fremdem Gewande dich der Unsterblichkeit und dem Conversationslexikon geweiht haben!"[1]

1) Auch Brockhaus hatte in seinem "Conversationslexikon" von 1853 (10.Aufl),
  also schon zwei Jahre nach der ersten Auflage der "Lieder", den Titel
  "Mirza Schaffy" als "eines neueren, noch lebenden türkischen Dichters, aus
  Gjändscha in der Provinz Karabagh in Georgien gebürtig" aufgenommen und
  die Bemerkung hinzugefügt: "Die Lieder Mirzas, in denen heiterer Lebens-
  genuß und praktische Weltklugheit in anmutiger Form und lebenswarmen
  Bildern gepredigt werden, übersetzte Bodenstedt in freier Nachbildung unter
  dem Titel "Die Lieder des Mirza Schaffy"". (Gandscha liegt allerdings nicht
  in Karabagh und beides nicht in Georgien, und Mirza Schaffy war bereits
  1851 gestorben.)

Der allmählich wachsende Zweifel an der Echtheit der Mirza Schaffy
zugeschriebenen Gedichte bereitete dem sanguinischen Bodenstedt wenig
Skrupel, ja er ließ das deutsche Publikum in einer ihn mehr belustigenden
als beängstigenden Ungewißheit. Erst im Jahre 1874 lüftete er den Schleier.
Noch einmal hatte es ihn gedrängt, Lieder Mirza Schaffys nachzudichten,
diesmal allerdings schon in abgeklärterer und vertiefter Stimmung. Dem
neuen Liederbuch gab er den Titel "Aus dem Nachlaß Mirza Schaffy's.
Neues Liederbuch mit Prolog und erläuterndem Anhang von Friedrich Bodenstedt" (Berlin 1874). Und in diesem "Erläuternden Anhang" gesteht nun
Bodenstedt zu, Mirzy Schaffy sei "weder Dichter noch ein großer Gelehrter"
gewesen und er habe alle Gedichte selbst verfaßt mit Ausnahme eines einzigen, das hier im Wortlaut folgen soll:

> "Mullah, rein ist der Wein,
> Und Sünd' ist's, ihn zu schmähn -
> Mögst du tadeln mein Wort,
> Mögst du Wahrheit drin sehn.
>
> Nicht das Beten hat mich
> Zur Moschee hingeführt:
> Betrunken hab ich
> Mich vom Wege verirrt!" (Bodenstedt, 1001 Tag I, 60)[1]

Dieser "Erläuternde Anhang" ist im übrigen ein einziger Lobgesang auf
Mirza Schaffy. An seinem Auftreten und an seiner Kleidung sei durchaus
nichts Auffälliges gewesen. Doch schon die stattliche Erscheinung, die hohe
Stirn und das bedeutende Gesicht hätten Höheres ahnen lassen. Und dahinter
habe sich ein Mann von lauterem Charakter, mildem, gelassenem Ernst des
Wesens, vollkommener Natürlichkeit, ungewöhnlicher Ruhe, größtem Maß-
halten in allen Dingen und seltener Bedürfnislosigkeit offenbart, wie Bodenstedt sie nie an einem anderen Menschen erlebt habe. Doch seien all diese
hohen Qualitäten nicht einer leidenschaftslosen Natur, sondern schweren,
aber siegreich bestandenen inneren Kämpfen zuzuschreiben. Unglück und
Sorge hätten ihn in vielerlei Gestalt heimgesucht, aber seinen Nacken nicht

---

1) Aber gerade von diesen beiden Strophen hat der aserbeidschanische Verfasser Sseid Sade, von dem unten ausführlich die Rede sein wird, nachgewiesen, daß sie gar nicht von Mirzy Schaffy stammen, sondern von dem
türkisch-aserbeidschanischen Klassiker Fuzuli. Bodenstedt habe Fuzuli
durchaus gekannt und mit seiner Behauptung bewußt irregeführt. (S. 86 F 1)

gebeugt. Aller Völlerei sei er daher abhold gewesen, habe sich vortreffli-
cher Gesundheit und eines allzeit klaren Kopfes erfreut. Sein Geist sei ganz
auf Unabhängigkeit gerichtet gewesen. Der Ehrgeiz, für einen Vielwisser
zu gelten, habe ihn nicht angefochten. Sehr wählerisch sei er in seiner Lek-
türe gewesen. Sein gut ausgestattetes wie glückliches Gedächtnis hätten ihm
die Abhängigkeit von Büchern selbst im Unterricht (für den er im übrigen
keine besondere Begabung bewiesen habe) erspart. Um öffentliche Angele-
genheiten habe er sich wenig gekümmert, habe sich nicht in Dinge gemischt,
die ihn nicht angingen, und sei mit der ganzen Weltregierung durchaus zu-
frieden gewesen, sofern er nur seine Pfeife mit gutem Tabak und seinen Be-
cher mit gutem Wein habe füllen können.

Seine Weltanschauung habe im Sufismus gewurzelt, insofern dieser
veredelnd und erleuchtend auf den einzelnen Menschen wirke und ihm helfe,
nach Weisheit und Selbstveredlung zu streben und mit Gott, den Menschen
und sich selbst in Frieden und Einklang zu leben. Doch die Verirrungen des
Sufismus habe er nicht geteilt, weder dessen Neigung, anderen die in der
Ekstase gewordene Offenbarung aufzudrängen, noch seine Weltflucht. Der
Mensch sei nicht geboren, seine Mitmenschen zu fliehen, sondern mit ihnen
zu leben und ihnen nach Kräften wohlzutun.

Dies ist das Charakterbild, das Bodenstedt im "Nachlaß" von seinem
Lehrer zeichnet.

Sein eigenes historisches Verhältnis zu ihm schränkt er zunächst
durch das Geständnis ein, kein Mensch könne die Dinge so wiedergeben, wie
sie wirklich seien, sondern nur so, wie sie sich in seinem Geiste abspiegel-
ten. Mirzy Schaffy (und mit ihm die ganze transkaukasische Geisteswelt)
hätten jedenfalls in ihm eine entscheidende Wendung hervorgerufen. Vieles,
das früher auf ihm - noch in Rußland - schwer gelastet habe, sei abgefallen,
ohne daß er selbst recht gewußt habe, wie. Und so habe die Begegnung mit
dem Weisen von Gandscha in ihm eine Art Bekehrung hervorgerufen, die bis
jetzt nachwirke. Selbst den ernster gestimmten und sogar religiöseren Ton
der in den "Nachlaß" aufgenommenen Gedichte schreibt er noch Mirza Schaffy zu.

Er besitze noch jetzt eine Menge von Blättern, auf denen er von Mirza

Schaffy selbst vorgetragene Gedichte niedergeschrieben habe. Unter ihnen
befänden sich solche, denen kein Dichtername beigefügt sei und die deshalb
möglicherweise von ihm selbst stammten (fünf von ihnen gibt Bodenstedt
wörtlich wieder). Ferner besitze er unter seinen alten orientalischen Studien mehrere Hefte voll "vergilbter Blätter", die er damals sofort, von
der persönlichen Begegnung mit Mirzy Schaffy beeindruckt, beschrieben habe und die er jetzt selbst nur noch mit Mühe entziffern könne. Schließlich
erwähnt er einen originalen Nachlaß Mirza Schaffys mit einigen von Mirza
Schaffy selbst nachweislich verfaßten Gedichten, wovon später die Rede sein
solle (was allerdings nicht geschieht).

Was biographische Einzelheiten des Lebens seines Lehrers angehe,
so habe er damals, die Wirkung seiner Veröffentlichungen nicht vorausse-
hend, versäumt, Mirza Schaffy selbst danach zu fragen. Doch habe der ihm
persönlich unbekannte russische Staatsrat Bergé alles verfügbare Material
zusammengetragen, das er nun fast wörtlich vor dem Leser ausbreitet und
das mit den Worten abschließt: "Im Privatleben gelang es Mirza Schaffy
durch seine hohe Sittenreinheit und seine seltenen Eigenschaften des Her-
zens die Liebe aller zu erwerben, die ihn kannten."

Dies Eingeständnis vom Jahre 1874 bestätigt Bodenstedt noch einmal
aus Anlaß seines 70. Geburtstages im Jahre 1889 in einer <u>Festrede in</u>
Pressburg (er war 1819 in Peine bei Hannover geboren). Damals erklärt
er:

"In meinem Buche "Tausend und ein Tag im Orient" habe ich meinen
einstigen Lehrer und seine Lehrmethode treu zu schildern gesucht. Ich be-
nutzte ihn da wie ein Künstler sein Modell, und er erschien mir als der
Typus eines orientalischen Weisen. In dieses Buch habe ich eine große Anzahl von Gedichten miteingeflochten, um dem beschreibenden Buche eine
mehr ansprechende Form zu geben. .... Der Verleger redete mir zu, die
dort eingestreuten Gedichte als "Lieder des Mirzy Schaffy" herauszugeben.
.... Dieser war in Wirklichkeit niemals Poet, wiewohl er gelegentlich,
bloß zum Zeitvertreib, auch Verse gemacht hat. .... Im Privatleben ...
erwarb er sich meine volle Liebe durch seine seltenen Herzenseigenschaf-
ten. Als Anhänger des Sufismus war er bedürfnislos, verachtete jede Art

Strebertum." (Zitiert nach Johannes Proelß, "Das Urbild des Mirza Schaffy"
in: "Vom Fels zum Meer" 1892 II, 265 ff.) [1]

Scharfe Auseinandersetzungen wie zwischen Dr. Samuel Johnson und
dem schottischen Dichter Macpherson wegen der ossianschen Gedichte hat
es Mirzy Schaffys wegen nie gegeben. Im Gegenteil, es wurde bald völlig
still um seinen Tifliser Freund. Der übermäßigen Begeisterung folgte
schnelle Abkühlung. Wie sehr die Schätzung Bodenstedts um 1900 schwank-
te, mag durch einen Abschnitt in Paul Heyses "Jugenderinnerungen und Be-
kenntnisse" (3. Aufl. 1900) belegt werden:

"Bodenstedts Berufung (nach München) war durch Dönniges veranlaßt
worden, der an dem ziemlich äußerlichen Witz des Mirza Schaffy Gefallen
gefunden hatte und von dem Verfasser der "Völker des Kaukasus" und
"Tausend und ein Tag im Orient" sich für die Unterhaltung der königlichen
Tafelrunde viel versprach. - Geibel hatte sich fügen müssen, obwohl er von
Bodenstedts Talent nicht so gut dachte. Im Vergleich zu den anderen west-
östlichen Poeten - außer Goethe vor allem Rückert, Daumer und Platen -
schien ihm Mirza Schaffy des tieferen poetischen Gehaltes, der echten leidenschaftlichen Empfindung zu entbehren und der vielgerühmte Witz oft nur
in billigen Reimspielen zu liegen, die höchstens einem Laienpublikum impo-
nieren konnten. Was Bodenstedt nicht in der orientalischen Maske, sondern
als guter Deutscher geschaffen hatte, seine eigenen Gedichte, Dramen, No-
vellen, stand so tief unter jenen poetischen Reisefrüchten, daß man sich des

---

1) Nachträglich konnte ich feststellen, daß Bodenstedt schon im Jahre 1872
   in der Zeitschrift "Daheim" Jahrgang VIII das Eingeständnis vom Jahre
   1874 vorweggenommen hatte. Dort schreibt er in einem Artikel unter der
   Überschrift "Mirza Schaffy im Liede und in der Wirklichkeit" folgendes:
   "Mir schwebte dabei der Plan vor, den kaukasischen Philosophen mit poetischer Freiheit lebenswahr zu schildern, wie er sich mit all seinen in-
   dividuellen Eigentümlichkeiten meiner Erinnerung eingeprägt hatte, und
   ihn zugleich als Gattungstypus eines morgenländischen Gelehrten und
   Dichters erscheinen zu lassen, ihn also bedeutender zu machen, als er
   war; denn ein wirklicher Poet war er nicht --- und von allen Liedern, die
   er mir als von ihm selbst herrührend vorsang, konnte ich nur ein einziges
   gebrauchen, das kleine übermütige Lied "Mulla, rein ist der Wein, und
   Sünd ist's, ihn zu schmähn." Seine übrigen Lieder ersetzte ich durch eigene, welche seinem Charakter und der Situation, in welcher ich ihn vor-
   führte, angemessen waren." (Zitiert nach Robert König, Deutsche Literaturgeschichte, 25. Aufl. 1895.)

Verdachts nicht erwehren konnte, es handle sich bei diesen mehr oder weniger nur um Nachdichtungen geistvollerer Originale" (S. 192)

. Ähnlich streng urteilen die Literaturwissenschaftler um die Jahrhun-
dertwende. Richard M. Meyer hat in seiner 1899 erschienenen Literaturgeschichte des 19. Jahrhunderts ("Die Deutsche Literatur des 19. Jahrhunderts",
Berlin 1899, 1. Aufl.) zwar manches Lobenswerte über Bodenstedt zu melden,
im ganzen aber urteilt er ihn als "philiströs" und nur einem philiströsen
Publikum eingängigen Schriftsteller geringeren Ranges ab. Die Artikel der
Konversationslexika, anfangs von erheblichem Umfang, schrumpfen allmählich auf wenige Zeilen zusammen. Nur die Fachgermanisten registrieren
ihn noch. [1]

---

1) Als Beispiel für die Beurteilung, die Bodenstedt (und damit Mirza Schaffy)
in heutigen Literaturgeschichten findet, sei Ernst Alker, "Die deutsche Literatur im 19. Jahrhundert", Kröner Stuttgart 1961, angeführt. Alker beschränkt sich auf folgende (allerdings allzu oberflächliche) Charakteristik
Bodenstedts:
"Friedrich Bodenstedt (1819 - 1892) wird trotz sehr achtenswerter Überset-
zertätigkeit (die Puschkin, Lermontow, ukrainische Lyrik, Shakespeares So-
nette, Omar Chajjam betraf) als Mirza Schaffy in Verruf bleiben. Denn unter den erholungspoetischen Eklektikern pflückte er mit den 150 oder mehr
Auflagen der "Lieder des Mirza Schaffy" (1851) die Rose des
großen (und unberechtigten) Erfolges. Es bleibt ein Rätsel und ist jedenfalls ein übles Zeichen, daß nicht einmal die zünftigen Orientalisten dieses
freilich sehr formgeschickte Kunstgewerbe als Maskerade entlarvten, sondern als Übertragung orientalischer Poesie werteten. Der Sprachlehrer
Mirza, eine Bekanntschaft Bodenstedts aus seiner Tifliser Zeit, ist das
Megaphon eines sehr mitteleuropäischen Prinzen von Banalien, der durch
die witzige, gelegentlich graziöse Einkleidung von Sentenzen im Sinne einer
geistlosen, große Speisefolgen als Lebenssinn nehmenden Zeit den laute-
sten Beifall eines polizeifürchtigen, doch gott- und ehrfurchtslosen Publikums gewann. Die Damen erfreute Bodenstedt durch die Sentimentalität des
"Steins auf der Straßen" (der selbstverständlich - doch nur optisch - auf
"verlassen" reimte), die Herren entzückte er mit dem kostbaren Spruch:
> Wo sich der Dichter versteigt ins Unendliche,
> Lege sein Liederbuch schnell aus der Hand -
> Alles gemeinem Verstand Unverständliche
> Hat seinen Urquell im Unverstand.
Mit dem Büchlein "Aus dem Nachlaß Mirza Schaffys" (1874) löste Bodenstedt
schließlich selbst die Fiktion auf. Durch verschiedene Lyrikbände versuchte
er ohne Erfolg, seinen Ruhm zu sichern."
Im "Reallexikon der deutschen Literaturgeschichte" Band II (Berlin 1965 bei
Walter de Gruyter) schrumpft das Urteil Diethelm Balkes über Bodenstedt
und Mirza Schaffy auf folgende Zeilen zusammen:
"Die von Bodenstedt seinem persischen Lehrer in Tiflis in den Mund gelegten
Gedanken sind zumeist volkstümliche, orientalisierende und ghazelähnliche
Lieder, die wegen ihrer Hausbackenheit und volkstümlichen Lebensweisheit
70 Jahre lang im bürgerlichen Bücherschrank standen."

Der Verfasser dieser Untersuchung hat in den Bibliographien neuerer
Zeit den Namen Bodenstedts nur in einer Kieler Dissertation von 1930 wie-
derfinden können (Kurt Sundermeyer, "Friedrich Bodenstedt und die "Lieder des Mirza Schaffy"" . Sundermeyer ist wie Bodenstedt selbst aus Peine
gebürtig).Sie hellt die historischen Zusammenhänge über das bereits Ange-
führte hinaus kaum auf und bemüht sich hauptsächlich um eine literarische
Analyse der Lieder, in der kein Hauch der Begeisterung des 19. Jahrhunderts nachweht. Und damit schienen die Akten, wenn nicht über Bodenstedt
selbst, so doch über Mirza Schaffy endgültig geschlossen. Eine Bodenstedt-
oder Mirza-Schaffy-Renaissance zu erwarten, hieße gewiß, einem Schriftsteller, der seine Zeitgenossen liebenswürdig erbauen wollte und sich nie
als eine verkannte Größe gramvoll verstand, mehr Ehre antun, als er
selbst erwartet hätte.

Und doch verdient Bodenstedt, wenigstens im Zusammenhang mit den
folgenden Ausführungen, noch einmal ein Wort freundlicher nachträglicher
Anerkennung. Für den, der sich ein wenig in das transkaukasische Geistes-
leben des 19. Jahrhunderts versenkt, wird Bodenstedt nicht nur eine höchst
anregende Wiederentdeckung, sondern auch eine Quelle von zusätzlichem
wissenschaftlichen Rang. Sein (allerdings umstrittenes) wissenschaftliches
Hauptwerk aus der Tifliser Zeit "Die Völker des Kaukasus und ihre Frei-
heitskämpfe gegen die Russen" (2. vermehrte Auflage 1855, 2 Bände), seine
vielfältigen Übersetzungen aus dem Russischen (besonders Lermontow), dem
Ukrainischen ("Poetische Ukraine"), 1845, dem Tatarischen, dem Persischen (Hafis, Omar Chajjam), schließlich aus dem Englischen (Gesamtüber-
setzung Shakespeares) - König Maximilian von Bayern berief ihn als Professor für slawische Sprachen und später auch für ältere englische Literatur an
die Universität München - zeigen einen breit angelegten, liberalen, gutmü-
tigen, für alles Schöne und Heitere aufgeschlossenen Geist, der sich weniger
durch wissenschaftliche Gründlichkeit als durch die Gabe wachen, warmher-
zigen, duldsamen Zuschauens und Vermittelns auszeichnete. Seine Übersetzungen haben von allen Seiten viel Lob eingeheimst.

Dem, der heute nach Tiflis reist, wird es, wenn er den "Tausend und
einen Tag im Orient" zufällig entdeckt hat, ähnlich gehen wie dem genannten

Ägyptologen Brugsch: Er wird dem Geist Mirza Schaffys, ja er wird jenem
vergangenen Tiflis nachspüren, das in seinen Farben noch so viel bunter
war als das heutige, er wird jener Prozessionen zur wundertätigen Davids-
kirche gedenken, von der die jungen Schönen von Tiflis Kindersegen erfleh-
ten und empfingen, um die sich jetzt auf einer kleinen Bergterrasse das so
lobenswert angelegte "Pantheon" der großen Dichter und Gelehrten Geor-
giens breitet, denen sich auch der russische Dichter Gribojedow und die
Mutter Stalins zugesellt haben, er wird die schlichten, halb in die Erde
eingebauten "Saklis" der Georgier vermissen und die schöneren, mit kunst-
vollen Veranden umsäumten Häuser der Armenier am Hang des Felsgrates,
auf dem Ruinen der persischen Festung thronen, zu seiner Freude noch
wiederentdecken. Nicht nur das freundliche Epikuräertum Mirza Schaffys,
seine Liebe zu Wein und Frauenschönheit, sein nicht gerade tiefgehender
Verdruß gegen Mullas, Veziere und Schahs, seine persönliche Lauterkeit
und Anspruchslosigkeit, sondern auch manches Tiefergehende und geistesgeschichtlich Wichtigere wird er diesen anmutigen und unvergeßlich ein-
prägsamen Schilderungen als bleibenden Besitz entnehmen. An Mirza Schaffy selbst erinnert allerdings nichts. Kein Grab verrät seine Spur, kein Ge-
denkstein weist auf ihn hin.

Einige wenige Proben aus Bodenstedts Nachdichtungen sollen diesen
Abschnitt unseres Aufsatzes abschließen:

> Wo sich der Dichter versteigt ins Unendliche,
>   Lege sein Liederbuch schnell aus der Hand -
> Alles gemeinem Verstand Unverständliche
>   Hat seinen Urquell im Unverstand.

> Wenn die Lieder gar zu moscheenduftig
>   und schaurig wehn -
> Muß es im Kopfe des Dichters sehr ideenluftig
>   Und traurig stehn.

> Soll ich lachen, soll ich klagen,
> Daß die Menschen meist so dumm sind,
> Stets nur Fremdes wiedersagen
> Und in Selbstgedachtem stumm sind?

Nein, den Schöpfer will ich preisen,
Daß die Welt so voll von Toren!
Denn sonst ginge ja der Weisen
Klugheit unbemerkt verloren!

- - - - -

(Mirza Schaffy feiert seinen Geburtstag)

Jenem Tage zum Gedächtnis
Sei ein langer Trunk gemacht,
Wo vom Bethaus in die Schenke
Ich den ersten Sprung gemacht!

War verdummt in blinder Demut,
War gealtert wie ein Greis -
Aber Wein, Gesang und Liebe
Hat mich wieder jung gemacht!

Trink, Mirza Schaffy, berausche
Dich in Liebe, Sang und Wein!
Nur im Rausch sind deine Lieder
So voll Glut und Schwung gemacht!

- - - - -

Der beste Grund ist
Der goldne Grund des Bechers!
Der beste Mund ist
Der kluge Mund des Zechers! -

- - - - -

In Gemeinheit tief versunken
Liegt der Tor, vom Rausch bemeistert;
Wenn er trinkt, wird er betrunken,
Trinken wir, sind wir begeistert,
Sprühen hohe Witzesfunken,
Reden wie mit Engelszungen,
Und von Glut sind wir durchdrungen,
Und von Schönheit sind wir trunken!
Denn es gleicht der Wein dem Regen,
Der im Schmutze selbst zu Schmutz wird -
Doch auf gutem Acker Segen
Bringt und jedermann zu Nutz wird.

(Im Kontext war von den Russen und den Georgiern die
Rede: "Wie geht es zu, daß die Georgier und die Russen,
welche hier zu Lande mehr Wein trinken als die Kamele
Wasser, doch nicht weiser werden davon?" (Bodenstedt,
1001 Tag, I 106)

- - - - -

Zum Paradiese wird mein Lied
    Für Schönheit, Wein und Liebe -
Was eingeht in dies Paradies,
    Ist aller Sünden rein geworden.

Es sucht der echte Weise,
Daß er das Rechte finde:
Jung wird er nicht zum Greise,
Alt wird er nicht zum Kinde!

Jung sich enthaltsam preisen,
Alt toll von Sinnen sein,
Wird nie des wahren Weisen
Rat und Beginnen sein.

Die Toren, die bis zu dem Jenseits schmachten,
Die lassen leben, doch sie leben nicht,

Der Mufti mag mit Höll und Teufel drohen,
Die Weisen hören das und beben nicht,

Der Mufti glaubt, er wisse alles besser,
Mirza Schaffy glaubt das nun eben nicht!

Willst Welt und Menschen recht verstehn,
Mußt du ins eigne Herz dir sehn.
Willst du dich selbst recht kennen lernen,
Mußt du dich aus dir selbst entfernen.

Wir Menschen alle sind schuldbeladen;
Doch jeder, der sich selbst nur schädigt,
Ist seiner Schuld schon halb entledigt:
Gefährlich nur auf allen Pfaden
Sind Sünder, die auch andern schaden. usw. usw.

Nun aber hat, wenn nicht Bodenstedt, so doch Mirza Schaffy eine unerwartete Auferstehung erlebt, aber auf anderem Boden: Die Aserbeidschanische SSR hat ihn als einen ihrer großen Dichter und Denker in Anspruch genommen. Vertraut wurden mir mit diesem nicht geahnten Vorgang durch die im Vorwort zu dieser Untersuchung mitgeteilte Begegnung in Baku.

Dieser überraschende Anspruch veranlaßte uns zunächst, das uns zugängliche deutsche und russische Schrifttum zu prüfen. Und in der Tat fanden wir einige Anhaltspunkte.

Zuerst gab die "Große Sowjetenzyklopädie" vom Jahre 1951 folgende Auskunft: Mirza Schaffy, geboren 1805 (!), sei energisch gegen die Religion und ihre Verkündiger aufgetreten, habe in satirischen Gedichten die Prediger des Obskurantismus gegeißelt, die despotischen Scheiche entlarvt, begeistert zum Kampf für die Freiheit und das Glück der menschlichen Persönlichkeit aufgerufen. Seine Gedichte hätten seinen Optimismus und seine Lebensbejahung zum Ausdruck gebracht. Der deutsche Dichter Friedrich Bodenstedt habe sich als Verfasser dieser Gedichte ausgegeben. Die Gedichte Mirza Schaffys seien inzwischen in den goldenen Schatz der aserbeidschanischen Literatur eingegangen. Er selbst habe Einfluß auf den jungen Mirza Fatali Achundow ausgeübt (denselben, der oben als Freund Mirza Schaffys genannt wurde und der ihm später eine Lehrerstellung in Tiflis verschafft hatte). In Tiflis habe er den "Kreis der Weisheit" ins Leben gerufen, dem auch der Gelehrte und Dichter A. Bakichanow angehört habe (1794 - 1847, beschrieben als erster Verfasser einer Geschichte Aserbeidschans und mit Gribojedow bekannt, Kämpfer auf Seite der Russen, "Idealist", Verfasser mehrerer anderer Bücher, darunter "Geheimnisse des Himmels", "Große Sowjetenzyklopädie" Bd. 4). - Daß Originaldichtungen Mirza Schaffys erhalten oder wiedergefunden seien, geht aus dem Artikel nicht hervor.

Einen weiteren Hinweis vermittelte uns die "Kleine Literatur-Enzyklopädie" (Kratkaja Literaturnaja Enziklopedija):Mirza Schaffy, geboren 1796 (!), habe großen Einfluß auf die Weltanschauung und das Schaffen der Klassiker der Literatur des Nahen Ostens gehabt. Er habe die Despoten verspottet. Viele seiner lyrischen Gedichte erfreuten sich großer Popularität und seien zu Volksliedern geworden. [1]

---

1) Das erste Werk sowjetisch-aserbeidschanischer Herkunft, das wir zur Kenntnis nehmen konnten, war eine von der "Aserbeidschanischen Akademie der Wissenschaften" in Baku (Institut für Geschichte) herausgegebene "Geschichte Aserbeidschans" (Baku 1958, russisch). Ihr zufolge richten sich Mirza Schaffys Gedichte vor allem gegen die mohammedanische Geistlichkeit. Sie besingen die Befreiung der Völker von der Unfreiheit. Wert sei nur, was arbeite. Seine "Schule der Weisheit" habe eine soziale Wendung herbeigeführt. Seine Gedichte seien nur in der Form von Übersetzungen auf uns gekommen. Die Originale seien verloren. Als ihr Verfasser habe sich Friedrich Bodenstedt ausgegeben.

Dann wurden wir auf einen Artikel über die Aserbeidschanische Literatur in dem zweibändigen Werk "Philologiae Turcicae Fundamenta" (deutsch, Wiesbaden 1962), verfaßt von Ahmet Caferoğlu, Professor in Stambul, aufmerksam. Der darin enthaltene Abschnitt über Mirza Schaffy schließt sich im wesentlichen an die deutschen Quellen an. Einige Unstimmigkeiten mögen auf ungenaue Interpretation der deutschen Vorlage zurückgehen.

Die Mitteilung, Mirza Schaffy sei auch Lermontows Lehrer gewesen, findet sich in der Sekundärliteratur sonst nirgends, sie kann schon deshalb kaum stimmen, weil Lermontow 1841 in Pjatigorsk gestorben ist. In seinen Gedichten habe Mirza Schaffy ganz und gar liberale Gedanken vertreten, schreibt Caferoğlu, in seiner Dichtungsart sei er dagegen ein Anhänger der klassisch-persischen Schule (was beides nur mit Einschränkung richtig ist: die Gedanken sind durchaus eine Fortsetzung des schon seit Hafis ins Profane gewandten Sufismus und tauchen ähnlich weithin im Vorderen Orient auf; die Form unterscheidet sich von der klassischen durch ihren viel weniger orientalisch-blumigen und oft vielschichtigen als romantisch-anakreontischen, dem Empfinden des 19. Jahrhunderts unmittelbar verständlichen Stil.) Dann folgt ein Zugeständnis ganz im Sinne der deutschen Literaturwissenschaft und Bodenstedts selbst: "Mit diesen Gedichten, die mit <u>einer</u> Ausnahme von Bodenstedt stammen, setzte der deutsche Gelehrte und Dichter dem aserbeidschanischen Literaten ein bleibendes Denkmal und machte seinen Namen in der ganzen Welt bekannt."

Dem türkischen Verfasser ist nun aber besonders der Hinweis auf neuere aserbeidschanische Literatur zu verdanken, von der uns vorher nichts bekannt war. Darunter interessierten besonders folgende Titel:

Selman Askerov Mümtez, Mirza Šefi Vazeh (aserbeidschanisch),
      Baku 1926

J. K. Jenikolopow "Der Dichter Mirza Schafi (Biographie und
      Werke)", Baku 1938

E. E. Seyidzade, "Mirza Schafi ile Bodenstedt", Baku 1940
      (das türkische "ile" = "und" ist in der gleichzeitig
      erschienenen russischen Parallelausgabe mit "ili" =
      "oder" wiedergegeben. Der Verfassername wird im
      Russischen A.A. Sseid-sade geschrieben.)

Aus diesen aserbeidschanischen Quellen hat Caferoğlu folgende zusätzliche Informationen übernommen: Obwohl Mirza Schaffys Werk in Aserbeidschan lange Zeit unbekannt geblieben sei, habe es doch großen Einfluß auf
die Dichter und Denker seiner Heimat ausgeübt. Den berühmten Mirza Feth-
Ali-Ahundzade (= Achundow) habe Mirza Schaffy in Gandscha veranlaßt, seine theologischen Studien aufzugeben (s. u.). Einzelne Gasele Mirza Schaffys
seien wiedergefunden worden.

Nach den oben angeführten sowjetischen Mitteilungen und den Ausführungen des türkischen Verfassers erhob sich der Verdacht, der junge sowjet-
aserbeidschanische Nationalismus (ein Nationalismus, wie ihn die beiden geschichtlich kontinuierlicheren und literarisch weitaus reicheren Nachbarre-
publiken Georgien und Armenien nicht nötig hatten) habe den reichlich armen Sprachdenkmälern seines jetzigen Territoriums durchaus einen weiteren Großen hinzufügen wollen. Denn - leider - hat der ebenfalls aus Gandscha
gebürtige Nisami (1141 - 1202) nicht aserbeidschanisch, sondern persich geschrieben. (Die stolze Behauptung unseres Führers in Baku, Nisami habe
Werke in aserbeidschanischer Sprache verfaßt, ist durch die wissenschaftliche Literatur ebensowenig zu belegen, da nur feststeht, daß er von mütter-
licher Seite dem kurdischen Volkstum angehörte.)[1] Und Fuzuli, einer der
beiden Klassiker der türkischen Literatur (gestorben 1556), der tatsächlich
aserbeidschanisch schrieb, hat nie den Boden der jetzigen Sowjetrepublik
Aserbeidschan betreten, sondern lebte und schrieb in Bagdad, zumal das
Aseri ohnehin weit über das Gebiet der jetzigen Sowjetrepublik hinaus verbreitet ist. Daß der Boden Aserbeidschans trotzdem viel mehr Kulturdenk-

---

1) vgl. dazu J. Rypka, Iranische Literaturgeschichte (Noch größeres Ge-
   Gewicht ist wohl den ausführlichen Erörterungen des gelehrten Forschers E.Ä. Berteljs beizumessen, der in einer umfangreichen Monographie über Nisami und Fuzuli erhärtet, daß Nisamis Mutter eine Kur-
   din war, daß aber über die Herkunft des Vaters nichts bekannt sei. Unter den Sprachen, die Nisami beherrscht habe, erwähnt er zwei, die er
   schon als Kind erlernt habe: das Kurdische und eine nicht näher genannte,
   unter der nach dem Kontext das Persische zu verstehen sein muß. Später
   habe er sich auch das Arabische vollkommen angeeignet. Vom Aserbeidschanischen ist gar nicht die Rede. Auch findet sich in dem umfangreichen Werk keine Andeutung, daß Nisami auch aserbeidschanisch geschrieben habe. - vgl. Berteljs, Nisami i Fuzuli, herausgegeben Moskau 1962)

mäler aufzuweisen hat, als der gebildete Europäer vermutet, und daß die Pflege der Dichter in Aserbeidschan ebenso hingebend geübt wird wie überall in der Sowjetunion (wovon das Nisami-Museum in Baku zeugt), soll bereitwillig anerkannt werden. (Leider ist uns die Abteilung des Museums, in der sicher auch Mirza Schaffy seine Stätte gefunden hat, damals entgangen.)

Erst seit der Oktoberrevolution gibt es eine aserbeidschanische Literaturwissenschaft im engeren Sinne, und erst sie ist es, die sich der Erforschung Mirza Schaffys nachdrücklich angenommen hat und die allmählich zu der Überzeugung gelangte, Mirza Schaffy sei nicht eine mythische Gestalt der deutschen Literatur, sondern einer der großen Dichter und Denker Aserbeidschans gewesen. Die Genesis dieser Überzeugung können wir nicht genauer darlegen. Jedenfalls ist unter den Forschern, die eine regelrechte Mirza-Schaffy-Renaissance ins Leben gerufen haben, der namhafteste Ali Ashdar Sseid-Sade, Literaturwissenschaftler in Baku. Schon vor der Revolution war er auf Mirza Schafi (Bodenstedt hatte den Namen fälschlicherweise mit Doppel-f geschrieben) aufmerksam geworden, muß also in hohem Alter stehen. Später trat er mit einer Reihe von Veröffentlichungen über aserbeidschanische Literatur überhaupt, insbesondere aber über Mirza Schaffy, hervor und erfreut sich anscheinend eines beachtlichen Rufes. 1940 gab er eine erste Monographie über Mirza Schaffy heraus. Dieses Buch ist im Sommer 1969 in völliger Neubearbeitung erschienen, diesmal unter dem Titel "Mirsa Schafi Vasech" (325 Seiten, leider ohne Index, den man bei der Fülle der Namen sehr vermißt, und ohne zusammenfassendes Literaturverzeichnis. - Der Titel der früheren Monographie lautete: "Mirsa Schafi ili Bodenstedt". Erst in der Neubearbeitung ist das Pseudonym "Vasech" hinzugefügt. Der Name Bodenstedt wurde ausgelassen.) Der Verfasser dieser Zeilen schätzt sich glücklich, dieses Werk unmittelbar nach seinem Erscheinen aus Baku erhalten zu haben, und sieht sich dadurch zu einer Beurteilung imstande.

Die archivarische Sorgfalt dieses Werkes erfüllt auf den ersten Blick mit Bewunderung. Mit unendlicher Mühe muß der gelehrte Verfasser in Bibliotheken, Archiven und bei Privatpersonen allen direkten und indirekten Hinweisen auf Mirza Schaffy nachgegangen sein. Den mit der Geistesge-

schichte Aserbeidschans wenig vertrauten Leser verwirrt die Fülle der
fremden Namen und Daten, der Entfädelung der verwickeltsten Beziehungen und der weitausholenden Detailuntersuchungen.

Das Werk ist in 10 Kapitel gegliedert, die folgendermaßen überschrie-
ben sind:

1. Biographie des Mirsa-Schafi Ssadyk-ogly (Vasech).

2. Werke Mirsa-Schafis Ssadyk-ogly Vasechs.

3. Ssadyk-ogly (Vasech) als Dichter und Organisator der
   Literarischen Gesellschaft "Divan-Chikmet".

4. Über die Arbeiten des Mirsa-Schafi Ssadyk-ogly auf dem Gebiet
   der aserbeidschanischen Sprache und Literatur.

5. Entstehung, Charakter und Umfang des Plagiats
   Friedrich Bodenstedts I.

6. Entstehung, Charakter und Umfang des Plagiats
   Friedrich Bodenstedts II.

7. Die Behandlung des Problems der Urheberschaft Mirsa-Schafis
   (Vasech) in deutscher und in einigen westeuropäischen Sprachen
   in Verbindung mit den Ausgaben Bodenstedts.

8. Aus der Geschichte der Erforschung des Schaffens und der Urheberschaft Mirsa-Schafi Vasechs in der aserbeidschanischen
   und in der russischen Literatur.

9. M. Sch. Vasech und M. F. Achundow.

10. Sozialpolitische und philosophische Auffassungen Vasechs.

Der Gedankengang des Buches geht etwa folgenden Weg:
Die <u>Lebensdaten</u> des "großen aserbeidschanischen Denkers und Dichters"
(dieser Ehrentitel ist ein unbestrittenes Apriori) werden aus den verfügba-
ren Quellen festgestellt. Trotz übelwollender Entstellungen durch Adolf
Bergé stimmen sie im ganzen mit den von diesem ermittelten überein (im
Unterschied zu verworrenen Angaben, die noch lange Zeit in der aserbeidschanischen Literatur umliefen). Verwirrung hatte z. T. absichtlich Bodenstedt gestiftet, der in das Bild seines Lehrers böswillig verzerrende Züge
eingetragen hatte. (Die Szene, in der Mirza Schaffy seinen Rivalen Mirza
Jussuf mit dem Hausschuh verscheuchte, sein Prunken vor geliebten Frauen
mit seinem glattrasierten, strahlenden Schädel werden als bloße Verleumdung scharf gegeißelt.) Aserbeidschanische Autoren hatten allerdings aus
Irrtum wesentlich schlimmere Anachronismen begangen, ihn ins 18. Jahr-

hundert versetzt, ihn in Persien beheimatet, ihn in Briefwechsel mit Män-
nern versetzt, die kaum geboren waren usw. Sein Pseudonym "Vasech"
war bis in die sowjetische Zeit hinein den meisten unbekannt. Sseid Sade
beseitigt in minutiöser Kleinarbeit diese Unklarheiten.

Was das schriftstellerische Werk Mirza Schaffys angeht, so beklagt
der Vf. zunächst einen negativen Befund: Originaltexte in aserbeidschanischer Sprache sind fast überhaupt nicht vorhanden. Bodenstedt, der einen
erheblichen Anteil an ihnen besaß, wird beschuldigt, sie vernichtet zu haben, um die Spuren seines Plagiats zu verdecken. Der Nachlaß Mirza Schaffys ist nicht auszumachen, obwohl Hinweise auf einen solchen vorhanden
waren. Immerhin sind einige Texte ans Licht gekommen, andere harren
gewiß noch in den Archiven (das gesammelte Werk Mirza Schaffys wurde
vom Vf. schon vor längerer Zeit versprochen und wird nun erneut in Aus-
sicht gestellt), vieles ist unwiederbringlich verloren.

Ein großer Teil des poetischen Schaffens Mirza Schaffys liegt in deutscher Übersetzung vor. Bodenstedt hat es für sich selbst in Anspruch genommen. Genauere Grenzen des Anteils Mirza Schaffys innerhalb der
Sammlungen Bodenstedts werden nicht abgesteckt, obwohl der Leser diese
sichtende Abgrenzung vor allem erwartet hätte. Jedenfalls sind die Gedichte als echt anzusehen, die Bodenstedts eigener Weltanschauung widersprechen, vor allem die antireligiösen (denn Bodenstedt war gläubiger Prote-
stant, wie die Tatsache beweist, daß er in Hamburg[1] protestantisch kon-
firmiert wurde und in Moskau einmal nachweislich in der deutschen Kirche
am Abendmahl teilgenommen hat) und die politisch-progressiven (denn Bodenstedt war politischer Reaktionär und Obskurant, und es ist dem Vf. sogar gelungen, abträgliche Urteile von Karl Marx und anderen Sozialisten
zutage zu fördern.). Stiluntersuchungen, wie man sie erwartet hätte, werden nicht durchgeführt. Bisweilen hat Bodenstedt Originaldichtungen Mirza
Schaffys sogar absichtlich zerrissen und so zerstückelt verschiedenen anderen Gedichten eingefügt. Einzelne Gasele sind inzwischen in Handschriften
anderer aserbeidschanischer Autoren aufgefunden worden. Vor allem aber
sind indirekte Hinweise auf das poetische Werk MirzaSchaffys in großer

---

1) Unseres Wissens ist er in seiner Jugend nie in Hamburg gewesen. Vielleicht liegt eine Verwechslung mit Hannover vor.

Zahl vorhanden. (Ss. liebt es, von dem Adjektiv "indirekt" Gebrauch zu machen). - An Prosawerken fehlt es nicht. In erster Linie ist an eine von ihm zusammen mit dem Russen Grigorjev herausgegebene Anthologie aserbeidschanischer und persischer Schriftsteller für den Schulgebrauch zu denken, der von überragender pädagogischer Wirkung war, die Sammlung "Kitab-i-Tjurki". Ihr vorangestellt ist eine Sammlung von "Weisen Aussprüchen und Lehren", die großenteils der Feder Mirza Schaffys selbst entsprungen sind. Auch Übersetzungen Mirza Schaffys aus anderen Sprachen ins Aserbeidschanische gibt es in großer Zahl, wenn auch bisher leider nur eine einzige aus dem Russischen nachgewiesen werden konnte (sie steht schon bei Bergé).

Geschichtliche Nachwirkung hat das Leben Mirza Schaffys durch die Organisation einer Literarischen Gesellschaft, des <u>Divan Chikmet</u> ("Diwans der Weisheit"), angenommen (auf den nach dieser Gesamtübersicht in einem besonderen Abschnitt eingegangen werden soll).

In zwei weiteren Kapiteln wird <u>Friedrich Bodenstedt als Plagiator</u> entlarvt. Daß ihm doch wenigstens die ungeheure Popularität Mirza Schaffys in Europa zu danken ist, verdient angesichts seines Betruges keine Anerkennung, daß er in geradezu zärtlicher Liebe immer wieder von seinem Lehrer sprach, keine Erwähnung. Bodenstedt war der Plagiator schlechthin, der seinen und nicht seines Lehrers Ruhm suchte. Er hat sich böse Absicht, Verleumdung, Entstellung, Verzerrung, Verfälschung, Unwahrheit, Lüge, bewußte Vernichtung der Originale (all diese Werturteile finden sich gehäuft in dem aserbeidschanischen Werk) und schließlich ein ganzes Netz der Intrige, in das auch die deutschen Orientalisten G. Rosen, H. Brugsch und als schlimmster von allen der russische Staatsrat Bergé eingesponnen wurden, zu schulden kommen lassen. Sie alle waren Feinde Mirza Schaffys. Das strengste Urteil trifft Adolf Bergé, der die Werke Mirza Schaffys gekannt haben muß und sie teils ignorierte, teils vernichtete, der in Tiflis ausgerechnet den leitenden Mufti Molla Achmed, der ihm zudem noch dienstlich unterstellt war, einem sonst anerkannten Literaturkenner, nach Mirza Schaffy ausfragte, der ihm natürlich nur gewünschte Auskünfte gab, der sogar zwei Gedichte Mirza Schaffys zitiert, nur um seiner Heuchelei den Schein der Redlichkeit zu geben ("Seht bitte, welch ehrlicher und objektiver

Mensch ich bin!") und der schließlich in seine Anthologie aserbeidschanische Dichter zweiten und dritten Ranges aufnimmt, aber den weitaus bedeutendsten verschweigt. Immerhin haben Bodenstedt und Bergé im Detail
einiges Richtige mitgeteilt.

Im nächsten Kapitel werden die bisherigen <u>Forschungsresultate der
aserbeidschanischen Wissenschaftler</u> vorgelegt: Die Mitteilungen des
19. Jahrhunderts sind noch verworren. Erstaunlicherweise haben damals
nur wenige der aserbeidschanischen Autoren Aussagen über Mirza Schaffy
gemacht. Selbst die Auskünfte Achundovs und Bekichanovs sind nur spär-
lich. Auch viele sekundäre Quellen sind für immer verloren. Selbst bis in
die sowjetische Zeit hinein bestanden große Unklarheiten, sowohl über die
Lebensdaten als auch über den Umfang des Werkes Mirza Schaffys und seine überragende Bedeutung. Noch sowjetisch-aserbeidschanische Forscher
haben sich überraschender Fehleinschätzungen schuldig gemacht. Noch immer sind gründliche Quellenstudien und Forschungen nötig, um den riesigen Umfang des Werkes des aserbeidschanischen Klassikers ans Licht zu
bringen.

Immerhin genügt das vorhandene Material, um im letzten Kapitel zu
einer abschließenden Würdigung des Denkens Mirza Schaffys zu kommen.
(Seine philosophischen Anschauungen sind noch einer besonderen Analyse
vorbehalten.) Seine <u>sozialpolitischen Ideen</u> liegen klar zu Tage. In seinen
"Weisen Aussprüchen und Lehren" kämpft er gegen Krieg, Tyrannei und
Despotie und preist das friedliche, ruhige Leben, das dem aserbeidschanischen Volke dank seiner Eingliederung in den russischen Staatsverband
möglich wurde. Belegt wird dieser Kampf durch Worte wie folgende:

> "Der Tyrann ist tot, obwohl er lebt. "
> "Die Waffen des Gelehrten sind Erkenntnis und Sprache,
> die der Regierung Schwert und Lanze. "
> "Armut ist besser als unrecht erworbener Reichtum.
> und Erwerb durch Arbeit besser als Gewalt "
> "Das Geschenk des Armen ist das beste der Geschenke. "
> "Zwei Zustände richten den Menschen zugrunde:
> Verschwendung von Gut und Überfluß an Worten. "

Schließlich wird uns Mirza Schaffy als entschiedener Befürworter der
Annäherung Aserbeidschans an Rußland und seiner Orientierung auf Rußland
hin vorgestellt.

Da diese allzu gedrängte Übersicht über das Gesamtwerk des aserbeidschanischen Verfassers bei den Lesern den Verdacht böswilliger Kürzung und Entstellung durch den Rezensenten, bei anderen eine allzu schnelle Abfertigung des aserbeidschanischen Gelehrten selbst wecken könnte, sollten zwei Kapitel seines Buches einer etwas gründlicheren Analyse unterzogen werden.

I. Der Diwan der Weisheit

Mirza Schaffy wird die "Organisation einer Literarischen Gesellschaft" zugeschrieben. Bereits in Gandscha habe er sie gegründet, in Tiflis sie fortgesetzt. Erst dort sei sie möglicherweise unter dem Namen "Divan Chikmet" (= Diwan der Weisheit) bekannt geworden. Eine schriftliche Satzung habe sie wahrscheinlich nicht gehabt. Vorläuferinnen dieser Gesellschaft haben schon seit etwa 1820 in den Chanats-Residenzen Kuba und Schuscha bestanden (das teilt auch Caferoǧlu in dem erwähnten Artikel "Philologiae Turcicae Fundamenta" mit).

Ziel der Gesellschaft sei es gewesen, zusammen mit dem "Gjulistan-Iram" in Kuba der geistigen Zersplitterung Aserbeidschans ein Ende zu setzen, was dank der politischen Einigung durch die Russen endlich möglich geworden sei. Gleichzeitig, und zwar "sehr intensiv", habe ein Prozeß der Annäherung an "die große russische Kultur" sich vollzogen, was eine Reihe damaliger aserbeidschanischer Schriftsteller durch Übersetzungen Puschkins, Lermontovs und Krylovs klar bewiesen habe. Im Zentrum der Arbeit des Diwans standen literarische und philosophische Fragen, die aufs engste mit dem Kampf der progressiven Kräfte gegen die reaktionäre Geistlichkeit in Gandscha verknüpft gewesen seien.

Über den Verlauf der Sitzungen weiß der aserbeidschanische Verfasser auf Grund einer noch zu erörternden Notiz zu berichten, Mirza Schaffy habe sie jeweils mit einem seiner Gedichte eingeleitet. Daran habe sich ein literarischer Wettstreit angeschlossen, wie auch Bodenstedt bezeuge.

Aus der Gandschaer Gründungszeit und ihrer Fortsetzung in Tiflis weiß der Vf. acht Mitglieder namentlich aufzuführen (darunter auffallenderweise drei Mollas bzw. Hadschis, über die aber im Unterschied zu den

übrigen nähere Angaben nicht gemacht und Quellenbelege nicht angeführt
werden). In Tiflis habe sich der Kreis noch erweitert. Auch georgische,
armenische und russische Schriftsteller hätten sich ihm zugesellt. Vorüber-
gehend hätten die Deutschen Bodenstedt und G. Rosen, der Iranologe, an
den Sitzungen teilgenommen. Weit über Tiflis hinaus seien die Ausstrahlungen
der Gesellschaft bemerkbar gewesen, vor allem bis ins persische Aserbeidschan. Zahlreiche provinzielle Dichter hätten durch eigene Dichtungen auf
die Wirksamkeit des "Diwans der Weisheit" reagiert.

Welche Quellen führt der Vf. für die Existenz und die Arbeitsweise
dieses Diwans der Weisheit an? Nachdem er beklagt, daß viele Zeugnisse
("leider!") für immer verloren gegeben werden müßten, geht er in der Mitte
seiner Ausführungen dazu über, die vorhandenen vorzulegen. Dazu gehöre
eine "Notiz" in den "Erinnerungen" des aserbeidschanischen Dichters
M. M. Nadshi, die den Charakter und die Wirkensweise der Gesellschaft be-
schreibe. Leider wird gerade diese Notiz nicht im Wortlaut wiedergegeben.
Ja, sie war schon kurz vorher mit der Bemerkung präjudiziert worden, sie
weise "indirekt" auf den Diwan der Weisheit hin. Die in den "Erinnerungen"
weiterhin so gut wie sicher vorhandenen Notizen seien für immer verloren.
Diese eine enthalte jedenfalls einen Hinweis auf die Art der Eröffnung der
Sitzung. Und nun wird ein Bild entworfen, das sich in fast gleicher Weise
bei Bodenstedt findet. Nach weiteren "direkten" oder gar "nur indirekten"
Bestätigungen hält man vergebens Ausschau. Aber der Leser soll offenbar
durch die Aufführung einer Reihe von Namen und der Erörterung ihrer Zugehörigkeit zu dem berühmten Kreise entschädigt werden.

Mirza Schaffys Nachfolger in der Leitung der Gesellschaft sei der
eben erwähnte M. M. Nadshi gewesen. Daß eine Beziehung zwischen Mirza
Schaffy und M. M. Nadshi bestanden habe, werde durch eine große Anzahl
von Gaselen verschiedener Autoren bestätigt (deren wiederum keine dem
Leser angeboten wird), die sie in dem "einen oder anderen Grade" bezeugten.
Man besitze "eine große Menge" von Gedanken dieser Poeten (der Vf. hat
eine Vorliebe für derartige Superlativa), die erlaubten, mit "großer Gewiss-
heit" (auch solche Affirmationen gehören zum Sprachschatz des Vf.) von
ihrer Zugehörigkeit zum "Diwan der Weisheit" zu sprechen. Obwohl vieles

noch aufzuhellen sei, genügten die vorhandenen Zeugnisse durchaus, die Umrisse der Gesellschaft nachzuzeichnen.

Die Erörterung der Namen ergibt folgendes: Der erwähnte M. M. Nadshi, der ganz unter dem Einfluß Mirza Schaffys gestanden, seine Nachfolge angetreten habe und der als Hauptgewährsmann mit oben genannter "indirekter" Notiz vorgeführt wurde, habe später eine Metamorphose durchgemacht und die fortschrittlichen Dichter der Zeit mit bissigen Satiren angegriffen.

Ein weiteres unter den acht namentlich angeführten Mitgliedern sei der Schriftsteller I. Sch. Nasech gewesen. Auch er habe völlig unter dem Einfluß Mirza Schaffys gestanden. In Gandscha habe er im Geist der persischen Klassiker Hafis und Saadi die mohammedanische Geistlichkeit angegriffen (wenigstens zeige der "Ideengehalt" seiner Lieder das), später allerdings sei er einem ähnlichen Gesinnungsverfall erlegen und Moscheenvorsteher geworden.

Eine besonders vornehme Rolle innerhalb der Gesellschaft habe auch Abbas-Kuli-Aga Bakichanov (bei Bodenstedt Abbas Kuli-Chan) gespielt. In den Jahren 1826 - 1828 habe er sich Mirza Schaffy gedanklich genähert. Allerdings seien die beiden in einer Reihe von Fällen entschieden gegensätzlicher Meinung gewesen. Bodenstedt führe an, daß sich Mirza Schaffy in Gegenwart dieses "frommen" Mannes habe Zwang antun müssen. Dieser offenbar bedeutende Aserbeidschane war im Unterschied zu Mirza Schaffy in die höchsten russischen Kreise eingedrungen. Deutliche Beweise seiner Zugehörigkeit zum "Diwan der Weisheit" enthält uns der Vf. vor. Er kann sich allerdings auf Bodenstedt beziehen, der ihn ein einziges Mal im "Diwan der Weisheit" auftauchen läßt. Daß er als "Idealist", wie ihn die "Große Sowjet-Enzyklopädie" nennt, nicht das besondere Gefallen unseres Verfassers finden konnte, ist begreiflich. Die religiösen Titel seiner Bücher lassen nicht auf allzu enge oder wenigstens dauerhafte Geistesverwandtschaft mit Mirza Schaffy schließen. Diese Differenzen führt Sseid Sade auf Bakichanovs feudale Herkunft zurück. Er gehörte dem Fürstenhaus von Baku an. "Die Klassenzugehörigkeit wirkte nach!"

"Ganz ohne Zweifel" aber habe der Gesellschaft der Lustspieldichter M. F. Achundow angehört, obwohl Bodenstedt ihn in diesem Zusammenhang

nicht ein einziges Mal erwähne (unabhängig von Mirza Schaffy geschieht das
an anderer Stelle im 2. Band von "Tausend und einem Tag"). Nach Bergé
zählte Achundow zu den gebildetsten Musulmanen seiner Zeit. Mit ihm zusammen, der ihn einst nach Tiflis berufen hatte, habe Mirza Schaffy einen
Verlag und eine Lithographie begründet. Beide zusammen hätten als erste
Veröffentlichung ein Bändchen mit Gedichten der Dichter Bagif (18. Jahrh.)
und Sakir (19. Jahrh.) herausgegeben. An diesen Sakir habe der Dichter
Schakir einen Brief gerichtet, in dem er den Namen des Vaters Mirza Schaffys erwähne. Wegen dieser Beziehungen sei die Teilnahme Achundows an
der Gesellschaft "Divan Chikmet" über jeden Zweifel erhaben. ("All dies
zeugt davon, daß M. F. Achundov unmöglich nicht der Gesellschaft angehört
haben kann.") Möglicherweise sei ihr auch Sakir verbunden gewesen.

"Unter den aktivsten Mitgliedern" der Gesellschaft seien Mirza Jussuf
Vidali (jener mit dem Pantoffel hinausexpedierte Rivale Mirza Schaffys, der
es nie wieder wagen konnte, dem "Weisen von Gandscha" unter die Augen zu
kommen) und Chadshi Jussuf Kane hervorgetreten.

Unter den russischen Teilnehmern an den Sitzungen erwähnt der Vf.
J. J. Grigorjev, der mit Mirza Schaffy zusammen das aserbeidschanische
Lesebuch "Kitab-i-Tjurki" herausgegeben hat, eins der Hauptzeugnisse der
überragenden pädagogischen und literarischen Bedeutung des verkannten
Dichters und Philosophen. Solch enge Zusammenarbeit sei ein schlüssiger
Beweis für die Mitarbeit Grigorjevs in der Literarischen Gesellschaft.

Ähnliches gelte von einem russischen Journalisten A. Slivizkij in
Tiflis, von dem unser Vf. weiß, daß er in einer Tifliser Zeitung Mirza
Schaffy gegen eine diffamierende Schilderung der Verhältnisse in Tiflis
durch eine Moskauer Zeitschrift, einer Schilderung, an der Bodenstedt
schuld sei, in Schutz genommen habe. Das genügt als Schluß auf Zugehörigkeit zum Diwan.

Um das Bild abzurunden, führt der Vf. den bei Bodenstedt genannten
gelehrten Armenier Abowian an, dem Bodenstedt ein rührendes Denkmal
setzt und über den Sseid Sade eine eigene Broschüre verfaßt hat. Dessen
Mitgliedschaft sei allerdings aus chronologischen Gründen (denen sich der
Vf. immer beugt) mehr als zweifelhaft. Dagegen sei die Zugehörigkeit

des gelehrten Georgiers <u>Mamezev</u> sicher. Sie wird aus einer Anmerkung geschlossen, die Mirza Schaffy unter eine kalligraphische Abschrift eines Exemplars einer Geschichte des Chanats Karabagh gesetzt habe, er habe sie für Mamezev abgeschrieben.

Weitere Nachweise der Mitgliedschaft georgischer Dichter seien leider bisher nicht zu erbringen.

Schließlich werden als zeitweilige Gäste des Tifliser Zirkels die Deutschen Friedrich Bodenstedt und G. Rosen vorgeführt. Über die Teilnahme Rosens habe Bodenstedt selbst "ausführlich genug" berichtet. Diese "Ausführlichkeit" beschränkt sich allerdings auf den einzigen Satz: "Und abends teilte er (sc. Rosen) meine dreimal wöchentlich stattfindenden Lektionen oder "die Stunden der Weisheit", wie Mirza Schaffy seinen Unterricht nannte" (1001 Tag im Orient, Bd. 1, S. 81) - eine vielleicht verzeihliche Übertreibung.

All diesen höchst komplizierten Beweisführungen und der Häufung von argumenta e silentio gegenüber steht das viel schlichtere, aber lebensvolle Bild, das uns Bodenstedt vermittelt. Dieser führt ihn mit folgendem Satz ein: "Dann wurde unter Mirza Schaffys Leitung ein förmlicher Diwan gebildet." (ebd) Darin habe der "Weise von Gjändscha" zuerst das Wort genommen und ein eigenes Gedicht vorgetragen. Namhaftere Teilnehmer nennt Bodenstedt, abgesehen von einem einmaligen Besuch des oben genannten Bakichanow, nicht. Eine Reihe von Kapiteln trägt den Titel "Die Schule der Weisheit", aber man gewinnt den Eindruck, als habe es sich dabei nur um das übliche Zusammensein Bodenstedts mit Mirza Schaffy gehandelt. Deren Gespräche aber sind voll Leben und Anschaulichkeit, überwiegend den poetischen Ergüssen Mirza Schaffys zugewandt. Philosophische und politische Themen werden nicht einmal am Rande berührt, es sei denn, man wollte Mirza Schaffys Ablehnung der Buchdruckerkunst oder Bodenstedts Einführung in Goethe und Heine als Philosophie bezeichnen.

Der Rezensent hegt den Verdacht, daß der "Divan Chikmet" nicht an einer einzigen Stelle der gesamten aserbeidschanischen Literatur überhaupt genannt ist, ja, daß es sich selbst bei dem Namen nur um eine Übersetzung aus dem Deutschen ins Aserbeidschanische handelt.

II. "Über die Grundlagen der philosophischen Weltanschauung Mirsa Schafis."

Nachdem der Vf. einleitend den Vorwurf wiederholt, Bodenstedt habe die Originale Mirza Schaffys vernichtet, um die Spuren seiner Fälschung zu vertuschen, geht er zunächst zu der Frage über, ob Mirza Schaffy Pantheist gewesen sei. So habe Bodenstedt behauptet, den er folgendermaßen zitiert (in Anführungsstrichelchen): "Seine Weltanschauung wurzelte im Pantheismus, der an den Ufern des Ganges entstanden ist." (Bodenstedt selbst hatte in seinem "Nachlaß des Mirza Schaffy" wörtlich geschrieben: "Seine Weltanschauung wurzelte im Sufismus, jener an den Ufern des Ganges entsprungenen und schon früh über ganz Persien verbreiteten Geheimlehre." Mit der Frage, ob Mirza Schaffy dem Sufismus zuzurechnen sei, setzt sich der Vf. erst später auseinander - dort ohne Bodenstedt zu erwähnen und gegen den Sufismus milder gestimmt als gegen den Pantheismus). Bodenstedt befinde sich darin in verdächtiger Übereinstimmung mit Bergé, der die Frage nach dem Pantheismus Mirza Schaffys zuerst aufgeworfen habe (ich selbst habe in den Ausführungen Bergés weder das Wort "Pantheismus" noch die Sache selbst finden können). Sseid Sade gesteht zu, Mirza Schaffy habe einige pantheistisch klingende Äußerungen getan, auch habe er einen Abschnitt aus dem indischen Pantschatandra[1] in seine Anthologie aufgenommen. Doch Anhänger indischer Philosophie sei er keineswegs gewesen - ganz im Unterschied zu Bakichanov, der sich ausdrücklich zu ihr bekannt habe.

Aber, so fragt der Vf. weiter, hat nicht Chadshi Abdulla, der in Gandscha einen so starken Eindruck auf Mirza Schaffy machte, dem Pantheismus nahegestanden, der sich dann doch auf Mirza Schaffy habe übertragen können? So jedenfalls stelle es Bergé dar. Das aber sei völlig unrichtig, da Mirza Schaffy schon lange vor Chadshi Abdullas Ankunft seinen leidenschaftlichsten Kampf gegen die Mullas geführt habe. Noch stehe allerdings ein spezielles Studium Chadshi Abdullas aus, doch was bisher bekannt

---

1) Die Pantschatandra, eine altindische Fabelsammlung, von der über 200 Textfassungen erhalten sind und die zunächst in die vorderorientalischen Sprachen und auf diesem Umweg in mehrere europäische Sprachen übersetzt wurde.

sei, gebe keinen Grund ab für "die lügenhaften Behauptungen Bergés und seiner Gesinnungsgenossen".

Nach der Auseinandersetzung mit der Pantheismus-Frage wendet sich der Vf. Behauptungen zu, Mirza Schaffy habe mit Vertretern des Pan-Islamismus in Verbindung gestanden. Dies lege eine Äußerung Firidun Kotscharlis nahe nebst Angaben einiger nicht-aserbeidschanischer Schriftsteller (die immerhin besser abschneiden als die deutschen Orientalisten). Man habe ihn in Verbindung bringen wollen mit dem bekannten Panislamisten Scheich-Dshemal. Doch Sseid Sade fällt es leicht, die historische Unstimmigkeit dieser Auffassung nachzuweisen, da Scheich-Dshemal, mit dem Mirza Schaffy korrespondiert haben soll, überhaupt erst 1858, also 7 Jahre nach dem Tode Mirza Schaffys geboren wurde (wobei immerhin überrascht, daß transkaukasischen Forschern angesichts der Berühmtheit Schaffys ein solcher Fehler überhaupt unterlaufen konnte).

Einige weitere ungenannte Forscher hätten ihn in Verbindung mit der mohammedanisch-iranischen Sekte der Babinisten (gegründet von Ali Mohammed in Schiras, 1812 - 1852 - Sseid Sade gibt die Jahreszahlen 1821 - 1850 an) - gebracht, die in religiösem Gewande den Kampf gegen das feudal-absolutistische System der Zeit geführt hätte. Durch verwickelte historische Ausführungen kommt der Vf. zu dem Schluß, Mirza Schaffy könne mit einigen Gedankengängen der Babinisten sympathisiert haben. Direkte Äußerungen seinerseits über den Babinismus aber seien nicht überliefert. Auch habe diese persische Religionslehre in Aserbeidschan nie eine Rolle gespielt.

Dann geht der Vf. dazu über, die Originale Mirza Schaffys auszuschöpfen. Es liege tatsächlich ein pantheistisch klingender Vers Mirza Schaffys vor:

> "Deine Gestalt, in Grün gekleidet, mit feuergleichem Antlitz,
> Zeigt dem Moses gleichsam die Gestalt des Berges."

Eine deutliche Angabe der Quelle dieses Verses enthält uns der Vf. leider vor. Sein Sinn bleibt dunkel. Offenbar handelt es sich um eine Anspielung auf 2. Mose 3, 2. Worin der tiefere pantheistische Kern stecken soll, bleibt schwer auszumachen, falls nicht schon der verborgene religiöse Gehalt als Pantheismus gedeutet werden soll. Aber der Vf. verhilft dem mit dem Kontext nicht vertrauten Leser auch nicht mit einer Exegese über seine Verlegenheit hinweg. Aber die Bildhaftigkeit dieses Zweizeilers dient ihm nun zu dem Nachweis, daß mittelbare oder unmittelbare Einflüsse pantheistischer Elemente letzten Endes auf den Vorsokratiker Empedokles zurückzuführen seien, der nun allerdings bei den sowjetischen Philosophiegeschichtlern ziemlich hoch im Kurs steht. (Das sowjetische Philosophische Wörterbuch von 1963 verleiht ihm den Ehrentitel "Philosoph-Materialist"). Wenn auch wieder der dahin führende Gedankengang einigermaßen schwer zu durchschauen ist, soll doch nachgewiesen werden, daß Mirza Schaffy in genetischem Zusammenhang mit Empedokles steht.

Diesem noch etwas dunklen Nachweis wird nun aber "zu weit größerer Klarheit" verholfen durch eine Untersuchung über die Rolle der Vier Elemente bei Mirza Schaffy. Von ihm ist nämlich folgender Ausspruch erhalten:

> "Das Leben ist dem Feuer ähnlich:
> Sein Anfang ist die Flamme,
> Seine Ende die Asche."

Freilich wird hier nur eins der vier Elemente aufgeführt. Doch solche Einschränkungen fänden sich in der Geschichte der Philosophie auch sonst. Kronzeuge dafür sei Heraklit (der seit Lenins ausgesprochener Anerkennung ebenfalls im Philosophischen Wörterbuch den Ehrentitel "Philosoph-Materialist" empfängt). Doch stehe zu hoffen, daß die Archive weitere Äußerungen Mirza Schaffys ans. Tageslicht brächten, in denen auch die drei anderen Elemente zu ihrem Recht kämen. Indirekt, aber zuverlässig, werde Mirza Schaffys Empedokleismus auch durch die Tatsache bezeugt, daß Achundow in der Zeit ihrer persönlichen Bekanntschaft noch Verfechter der Lehre von den 4 Elementen gewesen sei. Der allerdings habe sich später - nach Einsicht in die chemischen Elemente - zu ihrem entschiedenen Bestreiter fortentwickelt. Früher aber sei er ganz der philosophischen Konzeption Mirza Schaffys gefolgt. Da sich diese Lehre aber verbatim bei dem jüngeren Achundow vorfinde, müsse sie für Mirza Schaffy ebenfalls erschlossen werden.

Die unbestreitbare Übereinstimmung Mirza Schaffys mit Empedokles und Heraklit liege aber auf der Hand, wenn man oben zitiertes Wort mit

einem der Aussprüche Heraklits vergleiche: "Diese Weltordnung, die dieselbe ist in allen Dingen, hat weder der Götter noch der Menschen einer
geschaffen, sondern sie war immer und ist und wird sein ein ewig lebendes
Feuer, nach Maßen erglimmend und nach Maßen erlöschend" (Übersetzung
nach Ueberweg, Geschichte der Philosophie I). Dabei legt der Vf. den Nachdruck besonders auf Heraklits Formel "ohne Teilnahme eines Schöpfers"
(so in russischer Übersetzung), wodurch also auch Mirza Schaffy unmißver-
ständlich als Atheist ausgewiesen wird.

Diese (materialistische) Ahnenreihe wird durch eine zusätzliche Untersuchung über Mirza Schaffys Verhältnis zum Sufismus bestätigt.

Zunächst wirkt schon die mehrfache Erwähnung des Lichts in den Gaselen Mirza Schaffys sufitisch. Indes, da das Licht die Anerkennung des
Feuers voraussetzt, offenbart sich auch hier wieder ein heraklitisches Ele-
ment, ganz ebenso wie die Erwähnung des Gegensatzpaares Licht und Haß
in einem weiteren Ausspruch Mirza Schaffys dessen geistige Verwandtschaft mit Empedokles nachweist. (In einer Fußnote wird allerdings erst
der Beweis dafür angetreten, daß dieser Ausspruch wirklich von Mirza
Schaffy stammt. Ebenso gehörte das obige Zitat "Das Leben ist dem Feuer
ähnlich ...." genau genommen nicht Mirza Schaffy, sondern Grigorjew an,
"selbstverständlich unter Mitwirkung Mirza Schaffys".)

Nach diesen Untersuchungen nimmt der Vf. die Frage noch einmal auf:
Kann man Mirza Schaffys Weltanschauung als "Sufismus" bezeichnen? Und
nach kurzer Abschweifung über das Bekenntnis Achundows zum Sufismus
findet der Vf. folgende "radikalste Lösung": Alle Anhänger des Sufismus
sind seit ältesten Zeiten eigentlich Neuplatoniker. Oft aber nannten sich Su-
fiten solche, die mit dem Sufismus-Neuplatonismus nichts wirklich gemein
hatten, sondern ihn nur als Deckmantel für ihren Materialismus benutzten. -
Obwohl der Gedankengang auch diesmal nicht recht zu Ende geführt wird,
ist offensichtlich gemeint: Nur insofern ist Mirza Schaffy Sufit, als er dieser
sich tarnenden Gruppe zuzuzählen ist.

Der Vf. schweift jedoch von dieser Schlußfolgerung noch einmal ab,
indem er die Frage einwirft, ob Mirza Schaffy der geistigen Strömung des
Batinismus verbunden gewesen sei, deren Lehre auf "innere Selbstvollen-

dung", auf "Erkenntnis seiner selbst" hinauslaufe. Äußerungen dieser Art seien sowohl bei ihm wie bei Achundow anzutreffen. [1] Die meisten Literaten seiner Zeit seien einzelnen Lehren des Batinismus zugetan gewesen, doch ohne sich einer seiner Sekten anzuschließen. Indes habe diese Strömung doch zu gewissen Organisationsformen geführt, und überraschenderweise wird nun auch der "Gjulistan-Iram" von 1818 so eingeordnet. Und ohne daß dieser Schluß ausgesprochen wird, erscheint nun auch der "Divan Chikme" in Tiflis als eine Organisationsform des Batinismus.

Der Vf. fügt nun abschließend hinzu, "viele" dieser literarischen Gesellschaften hätten in Korrespondenz miteinander gestanden, eine Korrespondenz, die freilich noch nicht ausreichend studiert sei. Sie zeige immerhin schon, daß es in diesem durch den Eintritt in den russischen Staatsverband erst möglich gewordenen Zeitalter geistigen Austausches eine sehr zahlreiche Gruppe von ideell miteinander verbundenen Aufklärern gegeben habe, die sich zur philosophischen Arbeit verpflichtet gefühlt hätten. Und nun werden noch einmal die Namen Bakichanov (den die "Große Sowjetenzyklopädie" einen "Idealisten nennt), Nasech (der später Moscheevorsteher wurde), Nadshi (der sich ebenfalls bald geistig von Mirza Schaffy getrennt hatte), Achundow u. a. genannt. Sie seien ideell eng verbunden gewesen. Die jüngeren unter ihnen seien progressive, lebensfrohe Menschen zu nennen, die dafür gehalten hätten, daß "das Schicksal des Menschen in den Händen des Menschen liege".

Und um endlich das Bild der philosophischen Persönlichkeit Mirza Schaffys abzurunden (der Vf. nennt ihn gelegentlich einen "ogromnyj myslitelj", einen gewaltigen, riesigen Denker), der bei aller leidenschaftlichen Polemik doch ein friedlicher Propagandist-Aufklärer geblieben sei und

---

1) Batinismus: eine philosophische Richtung innerhalb des Islams, die den Nachdruck auf den "inneren Sinn" des Korantextes legt, "allegorische Koranauslegung" betreibt, "die relative Wahrheit aller theologischen Systeme betont" und damit "die Grundlage des traditionellen Islams sowohl nach seiner sunnitischen wie nach seiner schiitischen Ausprägung zerstört". "Es geziemt unseren Brüdern, keiner Lehre Feindschaft zu zeigen und kein Buch abzulehnen. Noch sollen sie irgendeiner Sekte fanatisch anhangen, da unsere Ansicht und unsere Schule alle Schulen in sich begreift und alle Lehren zusammenfaßt." (zitiert nach G. E. von Grunebaum, "Der Islam im Mittelalter", Zürich 1963)

chen Polemik doch ein friedlicher Propagandist-Aufklärer geblieben sei
und sich stets auf die Seite der Armen gestellt habe, zitiert der Vf. folgende Aussprüche:

> "Das Geschenk des Armen ist das beste Geschenk."

> "Die Waffen des Gelehrten sind Erkenntnis und Sprache,
> die Waffen der Regierung sind Schwert und Lanze."

> "Der beste der Brüder ist der, der seinen Bruder bewahrt
> vor dem Bösen und ihm den Weg zum Guten zeigt."

> "Halte dich nicht für einen Menschen, solange Zorn dich
> bewältigt."

(Die beiden ersten Aussprüche waren auch bereits als Zeugnisse für die
gewaltige sozialpolitische Bedeutung Mirza Schaffys angegeben worden.)

Das also ist der philosophische Ertrag des 12 Seiten langen Kapitels.
Wir haben bei dieser kritischen Wiedergabe der Gedankenführung Sseid
Sades nicht einen einzigen der von ihm angeführten Quellenbelege ausgelassen. Sie beschränken sich, wie leicht nachzuzählen ist, auf 3, wenn man
die letzten 4 nicht hinzuzählt.

Wenn die Gründlichkeit des Vf. im einzelnen und sein patriotisches
Mühen, für Aserbeidschan nicht nur einen weiteren großen Dichter, sondern auch einen überragenden Denker zu gewinnen, nicht eines gewissen
Respektes wert wären, man müßte das ganze für eine verschleierte Paro-
die halten!

Sieben kurze Zitate völlig traditionellen, wenn nicht gar vulgärmora-
lischen Charakters machen Mirza Schaffy zum materialistischen Philosophen
herakliteischer und empedokleischer Herkunft und zum fortschrittlichen materialistischen und atheistischen Aufklärer! Es lohnt die Mühe nicht, den
Vf. wegen seiner kühnen Naivität in Schranken zu weisen. Nicht an einer
einzigen Stelle ist sein Exkurs einer Diskussion wirklich wert. Man mag
ihm eine gewisse historische Sorgfalt zugestehen (auch das mit Vorbehalt),
mit Philosophie haben weder er noch Mirza Schaffy etwas zu tun. Von all
solchen Trivialitäten kann man sich nur erholen, wenn man, um den wirklichen Mirza Schaffy nicht gänzlich zu verlieren, sich mit Bodenstedt zusammen einmal wieder in die so echt orientalische Atmosphäre der Stube Mirza Schaffys in Tiflis begibt.

III.   Der letzte größere Abschnitt dieser Untersuchung soll der Prüfung des <u>Quellenmaterials</u> gelten, auf das sich Sseid Sade stützt, soweit es bei der Entfernung und bei der Unkenntnis des Aserbeidschanischen, das der Vf. aber in der Regel in russischer Übersetzung vorlegt, möglich ist.

Zur allgemeinen Charakteristik der Art, wie der Vf. mit seinem Material umgeht, ist zu bemerken, daß es mit bewunderungswürdiger Akribie und zugleich mit oft überraschender und befremdender Großzügigkeit geschieht.

Beide Merkmale lassen sich schon an den deutschen Quellen nachweisen, die er benutzt. Er hat bisher nirgends erwähnte Einzelheiten über Bodenstedt selbst ausfindig gemacht, so z. B. dessen evangelische Konfirmation in Hamburg (warum eigentlich in Hamburg?), seine Teilnahme am evangelischen Abendmahl in Moskau (1840), die Polemik Marxens, Friedrich Adolf Sorges u. a. gegen Bodenstedt, Zitate aus der "Weserzeitung" und New Yorker sozialistischen Blättern ("Gewerkschaftszeitung", "Volkszeitung", "Sonntagsblatt der New-Jorker staats-Zeitung" (so!) usw.).

Gegenüber solch unendlichem Fleiß verwundert einen die Freiheit des Vf. wenigstens gegenüber seinen <u>deutschen</u> Quellen (Man verzeihe den Verdacht, daß er des Deutschen nicht allzu mächtig ist. Jedenfalls zeugt die Fülle der Druckfehler nicht von sorgfältiger Durchsicht der deutschen Zitate. So erscheint ein Gedicht Hafis' sogar in fettgedruckter Überschrift folgendermaßen: "Wer in's Herz Dir zeilt, Dich zu verleizen.").Ein Gedicht, das für den Vf. eine entscheidende Rolle spielt, weil Bodenstedt darin angeblich einen späteren Streit zwischen Mirza Schaffy und Achundow behauptet haben soll, läßt sich bei aller Mühe wenigstens an dem vom Vf. angegebenen Ort (1. Aufl. des "Nachlasses") nicht auffinden (Von der zweiten Auflage an soll es bewußt gestrichen worden sein - vgl. hierzu den Nachtrag, S. 89!). Selbst die unwichtige Angabe, die Gedichte im "Nachlaß" seien um ein Vielfältiges umfangreicher als die der "Lieder Mirza Schaffys", schrumpft beim Nachzählen auf folgende Ziffern zusammen: Die "Lieder" umfassen 216 Seiten zu je etwa 20 Zeilen, der "Nachlaß" 188 Seiten zu je höchstens 24 Zeilen. Im "Nachlaß" finden sich angeblich viele Gedichte persischer Dichter mit Angabe ihrer Namen. In der Tat sind es nicht mehr als

zwei kurze Vorsprüche (Die "Lieder" bringen ein persisches Gedicht ohne
Namensangabe.). - Bodenstedt spreche von "vergilbten Heften". Er meine
damit die später von ihm vernichteten Originale Mirza Schaffys. Bodenstedt selbst versteht darunter eindeutig seine eigenen Notizen aus der Tifliser Zeit und unterscheidet sie von Heften mit Gedichten, die Mirza Schaffy
vorgetragen habe und von denen möglicherweise einzelne von ihm selbst ge-
dichtet seien. - Wie ungenau das Pantheismus-Zitat Bodenstedts wiedergegeben ist, war oben angemerkt worden. Ebenso steht es um die angebliche
Behauptung des besonders gehaßten Bergé vom Pantheismus Mirza Schaffys.

Nun, diese Kritik mag als Pedanterie ausgelegt werden, aber man
wird begreifen, daß derartige nachweisbaren Ungenauigkeiten gegenüber den
nicht nachweisbaren Quellenangaben des Vf. vorsichtig machen.

Doch nun zu den aserbeidschanischen Quellen für das Werk Mirza
Schaffys! Der Vf. wiederholt mehrere Male das Eingeständnis, daß Originale Schaffys nicht vorhanden seien. Unter Originalen versteht er nicht etwa
nur Originalhandschriften, sondern alle eindeutigen zeitgenössischen Wie-
dergaben von Mirza Schaffys Texten; denn er behauptet schon, daß außer
den beiden von Bergé zitierten Liedern kein Original vorhanden sei. Auch
der Tifliser Nachlaß Schaffys sei verschwunden. Außerdem habe ja Bodenstedt die von ihm wörtlich aufgezeichneten Gedichte vernichtet, was fast so
klingt, als habe außer Bodenstedt so gut wie niemand überhaupt Originale
besessen.

Trotz des als unersetzbar beklagten Verlustes sei inzwischen ein die
Angaben bei Bergé weit überragendes Material zu Tage gekommen. Die
Hoffnung auf weiteres noch unentdecktes und unveröffentlichtes Material in
den Archiven von Tiflis habe Grund. Dem schon vorhandenen Material gelten nun die ausführlichsten Untersuchungen.

Zunächst werden wir mit einer Reihe von Sammlungen aserbeidschanischer Schriftsteller vertraut gemacht.

Daß der böswillige Bergé in seine "Dichtungen transkaukasischer
Sänger des 18. und 19. Jahrhunderts in aserbeidschanischer Mundart" 1868
keine Gedichte Mirza Schaffys aufgenommen hat, ja ihn nicht einmal in der
deutschen Einführung erwähnt, sei aus dessen Tendenz, den berühmtesten
aserbeidschanischen Dichter herabzusetzen, ganz begreiflich. Verwunder-
lich ist nur, daß er den zweiten der großen Dichter des 19. Jahrhunderts,

Mirza Feth-Ali Achundow, so besonders anerkennend erwähnt, der mit ihm
und Mirza Schaffy durch eine Dreiecksfreundschaft verbunden war. Sollte
Mirza Schaffy so viel gefährlicher gewesen sein als Achundow, den die
"Große Sowjetenzyklopädie" mit demselben Titel versieht und der dort sogar in der Uniform eines russischen Majors abgebildet ist, welcher Rang
ihn doch nicht besonders empfehlen kann? (Vielleicht war kein anderes
Porträt von ihm vorhanden?)

Die in dem Werk des bedeutenden Turkologen und Turkestanforschers
Hermann Vambéry "Das Türkenvolk in seinen ethnologischen und ethno-
graphischen Beziehungen" (Leipzig 1885) enthaltene Sammlung aserbeidschanischer Lieder scheint Sseid Sade entgangen zu sein. Da Vambéry nur z. T.
selbst aufgefundene Gedichte beiträgt, sich im übrigen aber auf Bergé bezieht, hätte Sseid Sade ihn wahrscheinlich in das Komplott miteingeschlos-
sen, das Bodenstedt gegen Mirza Schaffy geschmiedet hatte.

1890 veranstaltete Molla-Hussein Efendi Gaïbov eine vierbändige
handschriftliche "Sammlung der Werke der Dichter Aserbeidschans", das
bisher vollständigste Sammelwerk überhaupt. Gaïbov, dem im übrigen eine
Fülle von Fehlern nachgewiesen wird, war Mufti und Vorsitzender der geistlichen Verwaltung der Sunniten. Leider fehlen in seinem Werk biographische Angaben über Mirza Schaffy, deren andere aserbeidschanische Verfasser gewürdigt werden. Doch enthalte seine Sammlung wenigstens unter dem
Titel "umstrittene Dichtungen" ein Gedichtpaar der beiden Rivalen Mirza
Jussuf und Mirza Schaffy, wobei allerdings auch noch die Urheberschaft
der beiden Verfasser falsch gedeutet sei.

Ein bei Ahmed Caferoǧlu erwähntes Werk von Hassim B. Vezirov
über "Musulmanische Literatur in Tiflis" 1895 hat entweder Sseid Sade
übersehen oder es ist mir in Sseid Sades Aufzählungen entgangen.

Großer Quellenwert wird offenbar der Veröffentlichung von Firidun
Kotscharli, "Materialien zur Geschichte der aserbeidschanischen Literatur"
(nur aserbeidschanisch) 1925 beigemessen. Dieser Verfasser (1863 -1920)
hatte schon 1903 in einer Broschüre über "Die Literatur der aserbeidschanischen Tataren" angemerkt: "Die zufällige Bekanntschaft in Jelisabetpol
(= Gandscha) mit dem bekannten Mirza Schaffy (als Dichter und Philosoph

ist Mirza Schaffy sogar in Europa bekannt, besonders in Deutschland, wo
Bodenstedt die Sammlung seiner Gedichte herausgab) bewirkte eine Wandlung im Denken Achundows". In seinem größeren 1925 postum herausgegebenen Werk nimmt er noch einmal auf diese Gesinnungsänderung Bezug. Im
übrigen seien ihm (so laut Sseid Sade) nicht einmal die elementarsten Tatsachen aus dem Leben Mirza Schaffys bekannt gewesen. Mirza Schaffy sei
mit "Badenstein" (so!) in Gandscha bekannt geworden, der Dichter selbst
sei persischer Untertan gewesen und habe nur zeitweise in Gandscha gelebt.
Weder den Familiennamen noch das Pseudonym habe er gekannt.

Ferner hat sich mit der (handschriftlichen) Aufzeichnung von Werken
und biographischen Notizen karabaghischer Dichter Mir-Mochsin Navvab
(1913) befaßt. In sein Werk habe er die Namen der Dichter des benachbarten
Gandscha aufgenommen, darunter auch Mirza Schaffy mit dem Vermerk, ihn
habe über die Grenzen seines engen Freundeskreises hinaus niemand gekannt.
Im ganzen mache er Mitteilungen über mehr als 50 Schriftsteller auf mehr
als 900 Seiten.

Schließlich hat sich der "Herausgabe Mirza Schaffys" S. Askerov Mumtas gewidmet. In vieler Hinsicht abhängig von Kotscharli habe er immerhin
Namen und Pseudonym des Dichters gekannt, auch einige andere Fehler
richtiggestellt, mit ihm zusammen aber noch die Meinung gehegt, Mirza
Schaffy habe im 18. Jahrhundert gelebt.

So weit die Übersicht über die Sammlungen aserbeidschanischer Literaturforscher und ihre Bezugnahme auf Mirza Schaffy. Zu ihren Ergeb-
nissen erübrigt sich fast ein Kommentar. Höchst erstaunlich ist jedenfalls
die Tatsache, wie außerordentlich wenig die Aserbeidschanen über einen
ihrer berühmtesten Dichter mitzuteilen wußten, wie sie, möglicherweise
mit Ausnahme Gaïbovs, kaum ein einziges seiner Gedichte aufführen, welcher Verwirrung sie in bezug auf seine Lebensdaten erlegen waren (einer
Verwirrung, an der übrigens einige Male Bodenstedt die Schuld gegeben wird).
Erstaunlich ist umso mehr, welch relativ zuverlässiges Bild der so feind-
selige Adolf Bergé (übrigens nicht Deutscher, sondern in Petersburg gebür-
tiger Russe französischer Herkunft, was Sseid Sade nicht mitteilt!) von Mirza
Schaffy entwirft, der sogar obendrein zwei echte Gedichte des "gewaltigen

Dichters" im Wortlaut, das eine sogar noch obendrein im Urtext, veröffentlicht.

Ergiebiger - so darf man hoffen - werden die sekundären Quellen sein. Und wieder breitet der Verfasser vor uns eine Fülle von Namen und Daten aus.

Auf das Mitglied des Diwans der Weisheit <u>Mirza Mechti Nadshi</u> (1804 - 1881), der die Nachfolge in der Leitung der Gesellschaft angetreten hatte, war schon hingewiesen worden. Er hatte zur Kenntnis des Lebens und des Werkes Mirza Schaffys doch wenigstens "einen indirekten Hinweis" beigetragen, der immerhin insofern von größter Bedeutung gewesen sei, als er die "Geschichtlichkeit Mirza Schaffys" bezeugt habe.

Es folgt jener bedeutende Gewährsmann, auf den vor allem sich Adolf Bergé beruft: Der <u>Molla-Achmed Hussein-Sade (Ssaljanin)</u>, Scheich ulj-Islam der Schiiten in Transkaukasien (1812 - 1887), der als Aufseher der Schulen in Tiflis Bergé dienstlich unterstellt war. Als engster Freund Mirza Schaffys (so Bergé) und Achundows (so Sseid Sade) bezeichnet, sollte er über seinen hervorragenden Dichterfreund manches Material beigetragen haben, zumal er dem Kreise progressiver Muselmanen angehörte. Aber ach! er tat es nicht über das hinaus, was wir schon bei Bergé lesen. Wir haben ihm zwar die beiden dort mitgeteilten Gedichte zu verdanken, mehr leider "aus noch nicht ganz ermittelten Gründen" nicht. Trotz all seiner weiten literarischen Beziehungen hat er wahrscheinlich auf Grund seiner geistlichen Funktion geschwiegen. Mit der Bekanntgabe weiterer Dichtungen hat er jedenfalls die Nachwelt nicht erfreut.

Mindestens aber sollte von dem bedeutendsten Zeitgenossen und "engstem Freund" Mirza Schaffys, dem Lustspieldichter Mirza Feth-Ali <u>Achundow</u> (1812 - 72), Aufschluß zu erwarten sein, zumal ihn auch die Große Sowjetenzyklopädie als bedeutenden materialistischen Philosophen, Aufklärer usw. in ähnlicher Weise rühmt wie Mirza Schaffy selbst und Bergé ihn in seiner Sammlung transkaukasischer Dichter aus allen anderen weit heraushebt. Ihn hat der junge Mirza Schaffy in Gandscha von der geistlichen Laufbahn abgebracht (das wird tatsächlich erwähnt, s.o.) und ihn (so nach Sseid Sade) zur Antireligiosität bekehrt, und umgekehrt wird der Atheismus Mirza

Schaffys durch Achundows Wandlung bezeugt. Auf ihn hat er einen "gewaltigen philosophischen Einfluß" ausgeübt. Von ihm übernahm er in seinem früheren Stadium die Lehre von den Vier Elementen (von denen Mirza Schaffy zufällig nur ein einziges erwähnt). Er gehörte "ohne jeden Zweifel" auch der Literarischen Gesellschaft in Gandscha und Tiflis an, obwohl Bodenstedt in absichtlicher Diskriminierung das zu erwähnen unterläßt. Beide verband bis zum Tode Mirza Schaffys ungetrübte Freundschaft, obwohl Bodenstedt in einem Gedicht von 1874 den Eindruck späterer Spannung zwischen beiden wecken wollte (einem Gedicht, das an der angegebenen Quelle überhaupt nicht zu finden ist). Dieser "kapitale" und "gigantische" Dichterphilosoph Achundow habe nun eine Autobiographie in persischer Sprache verfaßt, die 1887 zuerst in der Zeitung "Keschkul" veröffentlicht worden ist, einer Zeitung, die sich umfassend mit Fragen der aserbeidschanischen Literatur beschäftigte, die auch "die weisen Aussprüche und Lehren" Mirza Schaffys abdruckte (allerdings, unglaublicherweise, ohne den Namen des Autors zu nennen). Aber auch diese Zeitung hat nun gerade den entscheidenden Absatz der Autobiographie ausgelassen, nämlich jenen Bericht über die geistige Wandlung Achundows durch Mirza Schaffy, und ihn durch die lapidare Bemerkung ersetzt: "Da trat ein Ereignis ein, und ich konnte meinen ursprünglichen Entschluß (nämlich Molla zu werden) nicht verwirklichen." In dieser verstümmelten Form erscheint dieselbe Autobiographie dann später noch einmal an anderer Stelle. Den Grund für die Kürzung vermutet Sseid Sade in der geistlichen Stellung der beiden Herausgeber, der Brüder Chadshi-Sseid und Dshalal-Unsisade. Daß in dieser Lücke der Hinweis auf Mirza Schaffy enthalten war, gilt als unumstößlich durch ein Zeugnis des Mirza Mustafa Achundow, eines entfernten Verwandten M. F. Achundows (Gest. 1909), der allerdings sonst ebenfalls nur wenig über Mirza Schaffy mitgeteilt hat. Doch glücklicherweise ist unser Verfasser (auf S. 300 f) doch in der Lage, den Originaltext vorzuführen, und er sei hier im Wortlaut wiedergegeben:

"In einer der Zellen der Moschee von Gandscha lebte ein Mensch namens Mirsa Schafi (ein Eingeborener dieses Gebiets), der zusätzlich zu seinen weiten Kenntnissen auf verschiedenen Gebieten der Wissenschaften auch eine sehr schöne Handschrift hatte.

Dies ist derselbe Mirsa Schafi, dessen Erlebnisse und dessen hervorragende Eigenschaften auf dem Gebiet der persischen Poesie in Deutschland beschrieben wurden.

Ich ging auf Befehl meines zweiten Vaters jeden Tag zu diesem verehrten Menschen und übte mich in der Kalligraphie. Aber im Lauf der Zeit traten zwischen mir und diesem verehrungswürdigen Menschen eine zunehmende Annäherung und Offenheit ein.

Einst fragte mich dieser verehrte Mensch: "Mirsa Fatali, welches Ziel verfolgst du mit dem wissenschaftlichen Studium?"

Ich antwortete: "Ich will Geistlicher werden."

Er blickte mich mit einem Ausdruck sichtlichen Mitleids an und sagte: "Und du willst wirklich solch ein Heuchler und Scharlatan werden?"

Ich war äußerst erstaunt. Was für Worte!

Mirsa Schafi sah mich mit Augen voller Mitleid an und sagte: "Mirsa Fatali, verschwende dein Leben nicht inmitten dieser verächtlichen Kaste! Mach dich an irgendeine andere Aufgabe!"

Und als ich ihn nach den Gründen eines solchen Hasses gegenüber den Geistlichen fragte, begann er mir Tatsachen zu enthüllen, die mir bis dahin völlig verborgen waren. Bis zur Rückkehr meines zweiten Vaters aus Mekka machte er mich mit allen Fragen der wahren Aufklärung bekannt und nahm gleichsam den Schleier von meinen Augen.

Nach diesem Vorfall faßte ich einen Haß gegenüber den Geistlichen und änderte meinen ursprünglichen Entschluß, Molla zu werden. Ich widmete mich, von meinem zweiten Vater ermutigt, dem Studium der russischen Sprache."

Sseid Sade selbst fügt diesem Text allerdings die kritische Anmerkung hinzu, Achundow habe es unterlassen, irgendeinen konkreten Hinweis auf diesen Kampf zu geben - eine sonst beim Vf. recht ungewohnte Zurückhaltung (an dieser Stelle hätte der Leser einen solchen Hinweis nun kaum noch erwartet, nachdem der Vf. doch schon betont hatte, welch "riesiges Material" über den erbitterten Kampf vorliege, den Mirza Schaffy bereits vorher mit der muselmanischen Geistlichkeit in Gandscha ausgefochten hatte).

Als viel bedauerlicher muß der Leser es empfinden, daß der Vf. bei aller sonstigen Genauigkeit es gerade an dieser Stelle unterläßt, die Quelle deutlich nachzuweisen, die ihn befähigte, ein solches entscheidendes Zitat im Wortlaut zu bringen (eins der wenigen im Buche überhaupt). Immerhin dürfte dieser Text nun endlich einen Bericht enthalten, der über den Rahmen der Mitteilungen Bodenstedts und Bergés sachlich hinausgeht, und wir wollen hoffen, daß uns doch noch einmal die gerade hier erwartete genauere Quellenangabe nachgeliefert wird.

Der Vf. bezeichnet diesen Text auch deshalb als besonders wertvoll, weil er "die einzige auf uns gekommene Aussage M. F. Achundows über Mirsa Schafi Ssadyk-ogly Vasech sei" (wobei ein unhöflicher Leser zu fragen geneigt ist, worauf sich dann eigentlich die Überzeugung von der ununterbrochenen Freundschaft der beiden größten aserbeidschanischen Dichter und Denker stütze, da sie ja von Mirza Schaffy selbst nicht stammen kann).

Die spätere Sekundärliteratur mag kürzer zusammengefaßt werden:

Der Orientalist E. G. Weidenbaum (1845 - 1919) beschäftigt sich mit Namen und Ereignissen, die Mirza Schaffy nah berührten, unterläßt es aber, seinen Namen auch nur zu erwähnen (vgl. hierzu Fußnote 1, S. 63)

Professor A. E. Krymskij (1870 - 1941) bemerkt in seiner "Geschichte der Türkei und ihrer Literatur", in der ein besonderes Kapitel dem aserbeidschanischen Schrifttum gewidmet ist, nur in einem einzigen Satz, daß bei Bodenstedt vom echten Mirza Schaffy nur wenig übrig sei.

Ausgesprochen positive Würdigung genießt dagegen der radikal-sozialistische russische Schriftsteller N. G. Tschernyschewskij (1828 - 1889), der die Arbeiten Bodenstedt aufmerksam verfolgt hat. Er hat ihn als einen guten Übersetzer, aber wenig originellen Dichter eingestuft (also das Urteil der deutschen Literaturwissenschaft geteilt - der Rezensent). Er hat sich auch für die aserbeidschanische Literatur sehr stark interessiert (wobei der nachdenkliche Lser sich fragt, ob er wohl auch die aserbeidschanische Sprache beherrscht hat). Natürlich hat dieser universale Geist alle Werke Bodenstedts gekannt (obwohl die von ihm angegebenen Titel so ungenau sind, daß man Zweifel an der Gründlichkeit dieser Kenntnisse bekommt). Mirza Schaffy selbst erwähnt er allerdings gar nicht. Und nun muß man den kühnen

Schluß bewundern: "Hätte Tschernyschewskij so über Bodenstedt urteilen können, wenn er die Lieder des Mirza Schaffy nicht auch für Übersetzungen gehalten hätte?" (S. 266) Denn abgesehen von seinen Übersetzungen war Bodenstedt nichts. Die "Lieder des Mirza Schaffy" aber sind etwas. Also sind sie Übersetzungen! (Welch geniale Einsicht Tschernyschewskijs! Und diese Einsicht stammt sogar schon aus dem Jahre 1855, in dem jeder Leser in ganz Europa sie auch dafür hielt!) Tschernyschewskij wußte also um den echten Mirza Schaffy!!

Anders verhält es sich mit dem großen Kenner und Erforscher der kaukasischen Sprachen N. J. Marr (1865 - 1934), der sich durch seine "japhetische" Sprachentheorie zunächst hohes Ansehen verschafft hatte, bis er durch Stalin entthront wurde. Marr hatte in einem Aufsatz, der erst 1937 in den "Isvestija" erschien, über die "Literatur der Völker des Kaukasus" "Mirsa-Schafi Bodenstedt" erwähnt (was er offenbar für einen zusammenhängenden Namen hielt). Dessen Gedichte seien in Deutschland fast zu Volksliedern geworden und hätten das Interesse für die dichterischen Werke des Orients geweckt. Begreiflicherweise ist unser Vf. über die Gleichsetzung dieser beiden heterogenen Persönlichkeiten und über andere übertriebene Äußerungen Marrs verdrossen.

Zuletzt muß von sowjetisch-aserbeidschanischen Forschungen die Rede sein.

Der Mirza-Schaffy-Forscher J. K. Jenikopolow (vielleicht handelt es sich um den Erwecker der Mirza-Schaffy-Renaissance. Das von ihm fälschlich ermittelte Geburtsjahr Mirza Schaffys 1805 erscheint noch 1951 in der "Großen Sowjetenzyklopädie", so daß geschlossen werden mag, daß er der Verfasser des Artikels ist) kommt in seinem Buch "Der Dichter Mirza Schaffy" noch 1939 zu Resultaten, die von denen Sseid Sades erheblich abweichen. Sseid Sade muß ihn wegen der Fehlerhaftigkeit mehrerer Behauptungen zurechtweisen. Sogar das Pseudonym "Vasech" war ihm noch unbekannt. Auch in der Frage der zweifelhaften Liebesgeschichten Mirza Schaffys divergieren die beiden Forscher erheblich. Schuld an vielen Verwirrungen seien die unsorgfältig abgeschriebenen Zeugnisse der früheren aserbeidschanischen Schriftsteller gewesen. Daß Jenikolopow den Dichter Klop-

stock (1724 - 1803) mit dem Botaniker Karl Koch (1809 - 1879) verwechseln
konnte, stellt jedenfalls seiner allgemeinen Bildung kein ermutigendes
Zeugnis aus.

Selbst noch im Jahre 1961 konnte der aserbeidschanische Gelehrte
S. M. Orudshew in einem Aufsatz "Zur Frage der Weltanschauung Mirza
Schaffys" den so unverständlichen Satz (unverständlich für Sseid Sade)
schreiben: "In verschiedenen Gedichten, die im Original gefunden worden
sind, finden wir keine tiefen philosophischen Gedanken. Aber deren genug
gibt es in den Büchern "Die Lieder des Mirza Schaffy" und besonders im
"Nachlaß'"und damit der philosophischen Größe des Mirza Schaffy so unbe-
greiflichen Abbruch tun.

Erst Sseid Sade scheint es endgültig gelungen, die wahre Größe Mirza
Schaffys aus den so verworrenen und vereinzelten Hinweisen in der aserbeidschanischen Literatur und den von Gehässigkeit diktierten Bildern der
westlichen Literaten herausdestilliert zu haben.

Macht sich der Vf. keine Gedanken darüber, welches schlechte Zeugnis er der Dichterpflege seiner Landsleute ausstellt? Wie konnte eine so
überragende Gestalt bald nach ihrem Tode in fast völlige Vergessenheit geraten, so minimale Begeisterung wecken, Spuren hinterlassen, die fast
erst mit der Wünschelrute entdeckt werden müssen? Wie konnte man sich
sogar im Selbstverständlichen, dem ungefähren Lebensalter, bis um ein
Jahrhundert verschätzen? Fürchtet er gar nicht, sein eigenes Volk wegen
seiner Nachlässigkeit herabzusetzen? Macht es ihn nicht verlegen, daß Europa seinen Mirza Schaffy, wenn auch vielleicht verzerrt, zur Lieblingsge-
stalt aller literarisch Gebildeten machte und sich daran unbeschreiblich er-
wärmte?

Aber, wie dem auch sei, Bodenstedts Sünde ist unverzeihlich. Er ist
der Plagiator schlechthin. Er wußte um die Größe Mirza Schaffys(um die
seine orientalischen Zeitgenossen nicht wußten). Er konnte nicht umhin,
von ihm zu schreiben. Aber seine Feder war von Anfang an von Gehässigkeit durchtränkt. Bewußt verzerrt ist schon das in "Tausend und ein Tag"
gezeichnete Bild. Er veröffentlichte - sichtlich schon in der Absicht, sie
für sich selbst in Anspruch zu nehmen - seine Lieder. Doch auch hierbei

verfälscht er wieder, fügt eigene Gedichte ein, zerstückelt echte, mischt
sie mit Minderwertigem, legt Mirza Schaffy widerlichen Epikureismus in
den Mund und erschwert durch das alles bewußt die sichtende Mühe des
aserbeidschanischen Forschers. Schließlich nimmt er offen das ganze
große Werk des aserbeidschanischen Dichters für sich in Anspruch und
vernichtet sogar in vollendeter Heimtücke des Dichters Originalwerke,
nicht etwa seine voreilige Jugendbegeisterung für Mirza Schaffy bereuend,
sondern in konsequent fortgesetzter Boshaftigkeit ihn geistig vernichtend.
Welch ein Abgrund von Heuchelei und Haß! - und die anderen deutschen oder
ihnen verwandten Orientalisten tun es ihm nach: H. Brugsch, G. Rosen und
der verworfenste von allen: Adolf Bergé![1]

---

1) Als Beispiel, welcher Ränke Bodenstedt und Bergé nach Sseid Sade fähig
waren, sei eine Stelle im Zusammenhang zitiert: "Bodenstedt und Bergé
gingen sehr gerissen vor. Sie kamen zu dem Schluß: wenn man Mirza
Schaffy als Dichter verneint, aber seine Verdienste als eines großen Pädagogen aufrechterhält, dann wird es sehr leicht sein, ihn als potentiellen
Verfasser der Gedichte, die in die "Lieder" und in alle anderen Ausgaben
Bodenstedts unter dem Namen Mirza Schaffys eingegangen sind, zu diskre-
ditieren. - Einen solchen Feldzug gegen Mirza Schaffy eröffnete als erster
Bergé, dem die von Mirza Schaffy unter Mitwirkung Grigorjews ausgear-
beitete Chrestomathie "Kitab-i-tjurki" zur Beurteilung vorlag und der als
ständiger Vorsitzender der kaukasischen Archäologischen Kommission die
Materialien über diese Chrestomathie veröffentlichen mußte. Trotzdem
erklärt Bergé ... "Nun, das ist alles. Irgendwelche anderen Werke Mirza
Schaffys gibt es weder in Versen noch in Prosa!"
Nach dieser Verleumdung durch Adolf Bergé war der Boden für den Auf-
tritt Bodenstedts selbst bereitet. Der deutsche Plagiator berief sich auf
das Zeugnis Bergés und eröffnete seinen eigenen Feldzug gegen Mirza
Schaffy. ... Ja, die Volksweisheit behauptet nicht umsonst, daß Lügen
kurze Beine haben. (Sseid Sade S. 111 - 113). Und das wird nun damit bewiesen, daß Bodenstedt mitgeteilt habe, Mirza Schaffy habe an der "Garni-
sonschule" in Tiflis unterrichtet (womit Bodenstedt offenbar die "Kreisschule" gemeint hat oder mit der er sie verwechselt hat). Eine "Garnison-
schule" aber habe es in Tiflis überhaupt nicht gegeben. - Diese kleine Un-
genauigkeit konstatiert auch Jenikolopow, ohne aber im geringsten Bodenstedt daraus einen Vorwurf zu machen oder ihn gar eines unentwirrbaren
Lügengespinstes zu bezichtigen.

Macht es den Vf. eigentlich nicht nachdenklich, daß er den kurzen biographischen Abriß Bergés fast völlig übernimmt, alle darin vorkommenden Daten, alle Personen, ja sogar die beiden Gedichte, die er doch selbst als die beiden einzigen überkommenen Originale ansieht, wogegen doch allen aserbeidschanischen Literaten die gröbsten Fehler unterlaufen?

Würde man noch unschuldig fragen: Wann erscheint eigentlich Bodenstedt als Plagiator: bei der Herausgabe der "Lieder" oder bei seinem Widerruf im "Erläuternden Nachtrag" zum "Nachlaß"? - man würde gewiß die Antwort erhalten: beidemal! Dort verzerrt er, um seinen Geistesdiebstahl vorzubereiten, hier enthüllt er die Schwärze seiner Seele ganz schamlos.

Mit welcher unverkennbaren Liebe und Verehrung Bodenstedt immer wieder von seinem tatarischen Lehrer spricht, erwähnt Sseid Sade nirgends. Es muß finstere Heuchelei gewesen sein. Denn er war ja nicht nur Plagiator, sondern "Feind" schlechthin.

Vergleicht man die beiden Porträts miteinander, so muß doch auch der unparteiischste Leser zugeben: Bodenstedts Bild zeigt einen ganz lauteren Charakter, voller Menschlichkeit, voll zärtlicher Leidenschaften, rührender Schwächen der Selbstgefälligkeit und der Selbstüberschätzung, voll unfreiwilligen Humors - und das alles in orientalischem Gewande: voll herkömmlicher persischer Bildhaftigkeit, von Hafis, Saadi, Omar Chajjam gespeist, durchsetzt von immer wieder auftauchenden sufitischen Motiven und dem gegenüber von fast völliger Unkenntnis der abendländischen Kultur, herkömmlicher Geringschätzung gegen sie und (trotz der Eingliederung in den russischen Staatskörper noch nicht beeinflußt von daher. - Und welche Züge trägt das Portrait Sseid Sades? Da ist ein höchst blutleeres Phantom, ein progressiver Aufklärer, Propagandist, Philosoph-Materialist, ein Protomarxist, ein entorientalisierter Orientale, ein Lebensbejaher, aber ohne Humor, kurz ein Abstraktum, das sich leicht in das Schema eines künftigen Dogmatismus einfügen läßt.

Daß Bodenstedts Mirza-Schaffy-Bild nicht historisch im Sinne eines objektiven Historismus ist, hat er ja selbst gestanden. Von der verklärten Gestalt in "Tausend und ein Tag" wird nie ein unbefangener Leser etwas anderes erwartet haben. Nur ein dogmatisch verstockter konnte Bodenstedt so mißverstehen. Wer hätte denn erwartet, daß die dort mitgeteilten Dialoge wörtliche Protokolle wären? Und darf man Bodenstedt tadeln, daß er gelegentlich seiner Phantasie Spielraum läßt (was sicher von den beiden Liebesgeschichten gilt)? Das Umgekehrte ist sicher erstaunlicher: wie nahe der nachfühlende und nachdichtende Verfasser der Wirklichkeit bleibt, wie er den Flug der Phantasie hemmt, welche Fülle historisch nachprüfbarer Details er in das romantisierte Gesamtbild einmischt! Daß ihm der historisch-biographische Sinn erhalten bleibt, ist sicher lobenswürdiger, als es tadelnswert ist, daß er bisweilen mutwillig und von gutmütigem Humor verlockt seinem Bild kleine poetische Übertreibungen anhängt.

Der aserbeidschanische Vf. hält es sogar für nötig, Bodenstedt böswillige Verzeichnung der körperlichen Erscheinung Mirza Schaffys vorzuwerfen. Eine lächerliche und komische Karikatur habe er aus ihm gemacht, sich über seinen stets frisch rasierten Schädel belustigt, und er hält dieser gewollten Karikatur ein "in Deutschland gemaltes Porträt" entgegen, das er seinem Titelblatt gegenüber reproduzieren läßt. Aber ach, welchem deutschen Künstler der damaligen Zeit kann wohl Mirza Schaffy Modell gesessen haben? Wenn dies im übrigen unsignierte ausdrucksvolle Bild wirklich in Deutschland entstanden ist, von wem anders als von Bodenstedt kann es überhaupt inspiriert sein?[1] - Aber es kommt ohnehin der Verdacht auf, daß es gar nicht Mirza Schaffy darstellt, sondern einen anderen orientalischen Gelehrten oder Dichter, und ein gewissenhafterer Autor hätte über die Entstehung eines Portraits doch wohl etwas nachprüfbarere Auskunft geben müssen.

---

1) Nachträglich ließ sich folgendes ermitteln: Das Portrait Mirza Schaffys, das Sseid Sade seiner Titelseite voranstellt, ohne dessen Herkunft zu erwähnen, ist offenbar ein Ausschnitt aus einer Komposition, die Mirza Schaffy (rechts) im Gespräch mit Bodenstedt (links) zeigt (im "Nachlaß des Mirza Schaffy"). Es trägt die Signatur des deutschen Porträtmalers (Paul) Bürde, 1819 - 1874, der natürlich Mirza Schaffy nicht persönlich kannte, sondern ihn in Anlehnung an Bodenstedts Schilderungen nach der Phantasie zeichnete. Mirza Schaffy erscheint dort im Geschmack der Zeit als persischer Gelehrter. Ähnliche Typen von Persern finden sich auf anderen Illustrationen zu den "Liedern des Mirza Schaffy".

Dem Bilde Bodenstedts gegenüber hat die Biographie Bergés den Vorzug wissenschaftlicher Objektivität. Wenn es allen Aserbeidschanen bis hin zu Sseid Sades unmittelbaren Vorgängern so schwer gelungen war, Ordnung in die Biographie Mirza Schaffys zu bringen, wie anerkennenswert ist dann die Leistung Bergés, in der praktisch jedes Detail (jedes !) auch von Sseid Sade anerkannt werden muß! Und das nicht am Ende einer langen Forschungsgeschichte, sondern schon am Anfang, bevor sich ein einziger orientalischer Verfasser des Studiums Mirza Schaffys angenommen hatte! Sseid Sade tut seinen aserbeidschanischen Landsleuten einen sehr schlechten Dienst, jedenfalls wenn er auf seiner Konstruktion beharrt. Er stellt ihnen das Zeugnis äußersten Unvermögens aus. Würde er auf seine Konstruktion verzichten, dann träfe seine Vorgänger kaum noch ein Vorwurf. Schuld würde sie treffen, wenn sie einem überragenden Dichter und Denker gegenüber so gleichgültig gewesen wären. Wenn aber Mirza Schaffy in Wirklichkeit nicht mehr war als eine persönlich zwar eindrucksvolle, geistesgeschichtlich aber kaum wirksame Gestalt, dann sind sie sofort entlastet.

Aber Sseid Sade ist von seinem Phantom unwiderstehlich angezogen. Und deshalb muß er in die Gelehrten, die seine Überschwenglichkeit nicht teilen, Haß, Intrige, Bosheit und Komplottschließung hineinproduzieren. Von einer Fata Morgana geblendet, ist er blind geworden gegenüber den echten Gefühlen der Verehrung und der Liebe solcher, deren Augen offen waren für den Zauber einer echten orientalischen Gestalt.

Diese Arbeit sei abgeschlossen mit dem zweiten der beiden Originalgedichte Mirza Schaffys, dessen aserbeidschanischen Text Bergé dem Scheich Achund Mulla Achmed in Tiflis zu verdanken hatte. Die Übersetzung stammt von Bergé. Der stilistische Unterschied zu den Dichtungen Bodenstedts sowohl in den "Liedern" als auch im "Nachlaß" ist ganz augenfällig:

In der Halle sitzend entblößte die Schöne ihr Antlitz von Locken.
Da leuchtete das Licht der Wahrheit aus dem Dunkel des Zweifels hervor.
Die Strahlen der Schönheit des Seins zerstreuten die Finsternis des
                                        Materialismus,
Aus dem Osten des Nichtseins ging die Sonne des Seins auf.
Das ins Antlitz der Freundin (schauende) Auge, der die
        Geliebte umschlingende Arm (in solcher Lage) offenbart die
        Schönheit (von Seiten der Geliebten) Gefallsucht, die Liebe
        (seitens des Liebhabers) offenbart knechtisches Gebaren.

Ein Sitz im Empfangssaale ist unwert jeglichen Unerfahrenen.
Darum sitze denn und wende, dem Lichte gleich, dein Haupt nicht ab
    vom Brande und Schmerzen!
Irdischen Wesens dich entäußernd, setze dich in den Harem des
    Herzens,
Allwo du nach allen Seiten deinen Namas machen kannst.
Dem Staube Mahmuds ertönt am Tage der Vergeltung die Stimme.
Ein vom Schwerte des Ajas Getroffener bedarf nicht des Paradieses.
Dem verwirrten Wasich (= Vasech ?)(erschallt) Glockenlaut und das
    Schnattern der Elster.
Der Fuß des Strebens blieb nach und dem Endziel fern.

Wie hätte Sseid Sade diesen Text wörtlich zitieren können, zumal Vers 3 !

Erst nach dem Abschluß dieser Auseinandersetzung mit Sseid Sade gelang es, die wichtigsten russisch geschriebenen Werke aserbeidschanischer Verfasser, die sich Mirza Schaffy widmen, in die Hände zu bekommen. Das erste stammt aus der Zeit vor der Oktoberrevolution (Kotscharli). Es stellt den ersten Versuch dar, eine Geschichte der Literatur der aserbeidschanischen Tataren, soweit sie auf russischem Territorium lebten, zu schreiben. Dort wird Mirza Schaffy auf wenigen Zeilen im Zusammenhang mit Achundow abgehandelt, offensichtlich nur auf Grund der Nachrichten über ihn, die von Deutschland über Russland nach Aserbeidschan gelangt waren, und auf Grund der dem Verfasser schon bekannten Notiz in einem Tagebuch Achundows.

Die Abhandlungen des ersten sowjetisch-aserbeidschanischen Verfassers Selman Askerow Mumtaz, der ein ganzes Buch über Mirza Schaffy geschrieben hat, konnten in diese Untersuchungen nicht aufgenommen werden, da sie in aserbeischanischer Sprache abgefaßt sind, die der Verfasser leider nicht beherrscht.

Zwei weitere Gelehrte (Jenikolopow und Rafili), die - außer Sseid Sade - Mirza Schaffy zum Gegenstand von Monographien gemacht haben, werden ausführlicher zu Wort kommen. Sie unterscheiden sich in ihrer historischen Methode und in den Aspekten, unter denen sie eine Rehabilitierung Mirza Schaffys versuchen, so erheblich von Sseid Sade, daß das Bild der Mirza Schaffy-Renaissance in Aserbeidschan unvollständig wäre, würde man ihnen eine besondere Würdigung versagen.

Namen weiterer aserbeidschanischer Verfasser, die sich in Büchern oder Aufsätzen mit Mirza Schaffy befaßt haben, sind mir nicht bekannt ge-

worden, außer dem auf S. 52 zitierten Aufsatz von Orudshew). In den mir
zugänglichen Literaturangaben tauchen immer wieder nur Askerow Mumtaz,
Jenikolopow, Rafili und Sseid Sade auf. Auch scheinen sich keine russischen
Literaturwissenschaftler mit Mirza Schaffy befaßt zu haben. Sonst wären sie
in der umfangreichen Arbeit von Sseid Sade sicher erwähnt worden. Mit neueren Arbeiten in irgendeinem der westlichen Länder ist ohnehin nicht zu
rechnen.

Die zeitlich früheste dieser Schriften ist dem vorsowjetischen Literatur-
historiker Firidun-bek Kotscharlinskij (aserbeidschanisch: Kotscharli) zu
verdanken. Sie trägt den Titel "Die Literatur der aserbeidschanischen Tataren" ("Literatura azerbeidshanskich tatar", Tiflis 1903, 54 Seiten). Sie stellt
offenbar den ersten Versuch dar, die Entwicklung der aserbeidschanischen Literatur zusammenhängend darzustellen. Vorausgegangen sind ihr nur die An-
thologien Adolf Bergés, "Dichtungen transkaukasischer Sänger des XVIII.
und XIX. Jahrhunderts in aserbeidschanischer Mundart", 1868, mit biogra-
phischer Einführung in deutscher Sprache, und eine Arbeit von B. Vezirow,
"Muselmanische Literatur in Tiflis" (Russisch), 1895 (die auch aus der Lenin-Bibliothek in Moskau nicht zu erhalten war. Von den Proben aserbeidschanischer Dichtung bei H. Vambéry, Das Türkenvolk, 1885, sei ganz abgesehen, da dieses sonst so tüchtige Werk keinen Anspruch auf Vollständigkeit
erhebt.

Der eigene Standpunkt Kotscharlinskijs ist aus den letzten Seiten seines Büchleins einigermaßen abzulesen. Er muß der pan-türkischen Reform-
bewegung, die besonders von dem krimtatarischen Pädagogen Ismail B. Gasprinskij inspiriert war, nahegestanden haben. Er führt den ihm offenbar nahe-
stehenden Scheich ul-islam Molla Abdussalam Achundsade als von Gasprinskij beeinflußt an und schließt mit einer Klage über den jung verstorbenen
Fürsten Mechti Kuli chan Uschtschimijev. Eine kurze Skizzierung der Ideen
dieses Chans ("Liebe zum Menschen, Brüderlichkeit, Vergeben von Kränkun-
gen, Liebe zu den Gefallenen, Mitleid") verleiht dem Büchlein einen erwärmen-
den Abschluß.

Daß unter den wenigen Übersetzern fremdsprachlicher Literatur ins
Aserbeidschanische (nur Puschkin, Lermontow, Gogol, Leo Tolstoj und Krylow waren bis 1903 aus dem Russischen ins Aserbeidschanische, von Werken

anderer westlicher Sprachen sogar nur der "Othello" übersetzt worden) auch
Kotscharlinskij selbst mit einer erratisch dastehenden Übersetzung von Scho-
penhauers "Genij roda" (Ist das Kapitel "Vom Genie" im zweiten Band der
"Welt als Wille und Vorstellung" gemeint?) wirft auf den eigenen Standpunkt
des Verfassers ein weiteres Schlaglicht. Er ist also wohl der Generation von
"Reformern" zuzurechnen, die später großenteils der Liquidierung anheimge-
fallen ist.

Kotscharlinskij gesteht den sehr geringen Umfang der aserbeidschanischen Literatur auf russischem Territorium zu. Aber die wenigen Gestalten,
die er schildert, sind lebendige Wesen und keine ideologischen Abstrakta. In-
wieweit sein Versuch den Ansprüchen einer wissenschaftlichen Literaturgeschichte gerecht wird, muß ein besserer Kenner beurteilen. Jedenfalls überrascht den Außenstehenden die Divergenz allein schon in den Namenslisten der
aserbeidschanischen Schriftsteller, wie sie sich bei Bergé (1868), Kotscharlinskij (1903), Mejlman (1958)[1] und Caferoğlu (1964) finden, noch mehr die
Verteilung des Schwergewichts. Übereinstimmung herrscht fast nur in der
Bewertung Molla Panach Vagifs (1717 - 1797) und Mirza Feth-Ali Achundows
(1812 - 1878). Die von Kotscharlinskij in der zweiten Hälfte seines Büchleins
abgehandelten Schriftsteller kommen bei den anderen Literaturgeschichtlern
entweder nur dem Namen nach oder überhaupt nicht vor.

Den Reigen der aserbeidschanischen Literatur eröffnen nach Kotscharlinskij die beiden Klassiker des 18. Jahrhunderts, Molla Panach Bakif (so
schreibt ihn Kotscharlinskij) und dessen Freund Veli Vidadi, die in den Spu-

---

1) Vgl. M.N. Mejlman, "Aserbeidshanskaja literatura. Rekomendateljnyj
Ukasatelj" 1958. (=Aserbeidschanische Literatur. Empfehlender Wegwei-
ser). - In diesem Bändchen werden unter den vorrevolutionären aserbeidschanischen Schriftstellern folgende angeführt: Nisami (1141 - 1203), Fuzuli (1498 - 1556), Vagif (1717 - 1797), Ismailbek Kutkaschenskij (1806 -
1861), Achundow (1812 - 1878), Vesirow, Ssabir, Dshalil Mamedkulisade,
Abduragim Achwerdow. - Mirza Schaffy wird im Zusammenhang mit Achundow folgendermaßen eingeführt: "Er (Achundow) lernte die Schönschrift bei
dem bekannten aserbeidschanischen lyrischen Dichter Mirsa-Schafi Vasech,
der sich durch sein freies Denken auszeichnete und großen Einfluß auf die
Ausgestaltung der Weltanschauung seines Schülers ausübte." Weitere Mitteilungen oder Literaturangaben werden über ihn nicht gemacht. - Die Na-
mensliste weicht erheblich von der bei Bergé, Kotscharli und Caferoğlu
gegebenen ab.

ren der klassischen iranischen Dichtung zu dichten fortfahren, ihr aber ein besonderes aserbeidschanisches Gepräge verleihen. - Eine Wende tritt um 1840 ein. Die Satire gewinnt Raum. Zum Parnaß der aserbeidschanischen Dichter wird der Westen Aserbeidschans, besonders das Chanat Gandscha (jetzt Kirowabad) und die Landschaft Karabagh (östlich vom Sewan-See). Dieser Richtung gehört der ausführlicher besprochene Kassym-bek Sakir an, der die bürgerlichen Schichten seiner Zeit scharf geißelt; sie gipfelt in dem unbestrittenen Klassiker des neueren (russischen) Aserbeidschan Mirza Feth-Ali Achundow, der in seinen satirischen Komödien "russisch-humanistische Ideen unter den Muselmanen verbreitet". Hier erinnert die Diktion des Reformers Kotscharlinskij bereits an die sowjet-aserbeidschanische: er predigt Humanismus, er verbindet russisch-humanistische Ideen mit den volkstümlich-mohammedanischen Gefühlen, er ist Mittelpunkt eines aufklärerischen Kreises. Zur gleichen Gruppe zählt der Hadschi Sseid-Asim, der, eben aus der Verbannung nach Sibirien heimgekehrt, in Briefen an seinen Sohn mahnt, nicht Mohammedaner oder Christ zu werden, sondern Mensch, welche Religion auch immer er bekenne. Gott, der allmächtige Schöpfer, sei nicht Araber, Russe, Franzose, Deutscher, nicht einmal Inder oder Grieche. - An der Schwelle zu einer letzten Gruppe steht der "junge Meteor" Abdulla bek Assi, der "Sünder", der, über seine zerrüttete Jugend in Verzweiflung gestürzt, zum väterlichen Glauben reumütig zurückkehrt. - Die letzte Gruppe besteht aus jüngeren Schriftstellern, die durch die russische Schule gegangen sind, aber sich gleichzeitig den Reformideen Gasprinskijs geöffnet haben.

Welchen Platz nimmt innerhalb der Entwicklungsgeschichte der aserbeidschanischen Literatur Mirza Schaffy ein? Kotscharlinskij erwähnt ihn kurz im Zusammenhang mit Achundow und nur dort: "Mit 17 Jahren machte er in Elisabetpol (=Gandscha) zufällig Bekanntschaft mit dem berühmten Mirza Schaffi (Als Poet und Philosoph ist Mirza Schaffi sogar in Europa bekannt, besonders in Deutschland, wo durch Badenstein - so! - die Sammlung seiner Gedichte herausgegeben ist) was eine Wendung im Denken Achundows ergab. Danach entschloß er sich, nicht in den geistlichen Stand zu treten, sondern in den Staatsdienst." - Diese reichlich knappe Mitteilung verrät zweierlei: 1. Daß Kotscharlinskij noch 1903 von Mirza Schaffy kaum mehr wußte als der durchschnittlich gebildete Russe, d.h. er hatte nur von der ihm durch

Bodenstedt in Europa verschafften Berühmtheit gehört, daß ihm aber 2. doch schon die Eintragung Achundows über Mirza Schaffy in sein Tagebuch bekannt gewesen sein muß.

Sseid Sade setzt sich mit Kotscharlinskij verhältnismäßig oft auseinander. Er bezieht sich dabei nicht nur auf dessen kleine Literaturgeschichte, sondern auch auf zwei spätere Werke, eine Monographie über Achundow vom Jahre 1911 und auf seine "Materialien zur Geschichte der aserbeidschanischen Literatur" (2 Bände, 1925). Beide Werke sind aserbeidschanisch geschrieben. Sseid Sade geht mit ihm hart ins Gericht. Und tatsächlich müssen Kotscharlinskij grobe Fehler unterlaufen sein. Die Verwechslung des Namens Bodenstedt mit "Badenstein" war schon aus dem Zitat ersichtlich. - Die erste Bekanntschaft zwischen Bodenstedt und Mirza Schaffy verlegt er nach Gandscha (falls sie nicht seinerseits Sseid Sade mit der ersten Bekanntschaft zwischen Achundow und Mirza Schaffy verwechselt) Er habe Mirza Schaffy ins 18. Jahrhundert versetzt (was allerdings der Einordnung innerhalb seiner Literaturgeschichte völlig widerspricht. Sollte Kotscharlinskij später wirklich solchen Unsinn verzapft haben?). Er nennt ihn an einer Stelle einen "persischen Untertan", an einer anderen einen "Herkömmling aus Persien". Ja, er soll sogar den Botaniker Karl Koch (1809-1879) mit dem Dichter Klopstock (1724-1803) verwechselt haben. Falls diese Vorwürfe gerechtfertigt sind, würden sie allerdings auf die Arbeitsweise Kotscharlinskijs schwere Schatten werfen. Jedenfalls faßt Sseid Sade sein Urteil über Kotscharlinskij in dem vernichtenden Satz zusammen: "Ihm waren nicht einmal die elementarsten Tatsachen über Mirsa Schafi bekannt." (dort S. 250)

Uns allerdings zeigt gerade auch diese Verwirrung bei einem der ersten Darsteller der aserbeidschanischen Literatur, wie wenig Mirza Schaffy überhaupt im Bewußtsein der Aserbeidschanen lebte und welcher Anstrengung es bedurfte, aus dem höchst zerstreuten und schwer zugänglichen Material einige gesicherte Tatsachen über ihn herauszufinden, wobei sich denn Sseid Sade sicher ein gewisses Verdienst erworben hat.

Mit dem Tifliser Forscher I. K. Jenikolopow treten wir in die sowjetische Ära ein. Er veröffentlichte im Jahre 1928 für die Aserbeidschanische Filiale der Russischen Akademie der Wissenschaften" (jetzt "Aserbeidschanische Akademie der Wissenschaften") die erste Monographie über Mirza

Schaffy, die den Titel trägt "Der Dichter Mirsa Schafi" (103 Seiten einschließlich eines französischen Résumés, ohne Index und Literaturverzeichnis). Unter
den vier führenden aserbeidschanischen Mirza-Schaffy-Forschern (S. Mumtaz Askerow 1926, I.K. Jenikolopow 1938, M. Rafili 1958, A.A. Sseid Sade
1940 und 1969) zeichnet er sich durch die größte historische Sachlichkeit aus,
obwohl ihn an historischem Detail Sseid Sade weit übertrifft. Seine Arbeit
stützt sich hauptsächlich auf in Tifliser Archiven ruhende Urkunden (Verfü-
gungen und Formulare des Ministeriums für Aufklärung, Urkunden der Archäologischen Gesellschaft, Kalender usw.). Darüber hinaus sind ihm folgende Quellen zugänglich:

1. Ein Notizbuch Achundows, das ein Enkel des Dichters 1934 dem
Staatlichen Museum in Aserbeidschan zur Verfügung gestellt hat (von dem
aber auch Kotscharlinskij schon 1903 gewußt haben muß, s.o.). Es enthält
den mehrfach erwähnten Bericht, wonach Mirza Schaffy den jungen Achundow
von der geistlichen Laufbahn abgebracht hat (anscheinend hat Achundow aber
in seinen veröffentlichten Werken Mirza Schaffy nirgends erwähnt. Sonst hätten bestimmt weder Jenikolopow noch besonders Sseid Sade versäumt, dies
anzuführen.)

2. Eine kleinere Sammlung, die einst dem Gandschaer Lehrer und Dichter Mirza Mechti Nadshi gehört hat, (er hatte sich in Gandscha vergeblich
um die Lehrerstellung bemüht, die dann Mirza Schaffy erhielt). Darin seien
5 Gedichte Mirza Schaffys enthalten. Leider fehlen Zeitpunkt und Umstände
der Auffindung. Auch bleibt unklar, um welche Gedichte es sich handelt. Sind
es die von Lugowskij übersetzten, durch Askerow Mumtaz vermittelten und
von Rafili (s.u.) im Wortlaut wiedergegebenen? Bei Rafili allerdings müßte
man 6 zählen.

Außerdem geht Jenikolopow ausführlicher auf die Biographie Abowians
(bei Bodenstedt teils Abowian, teils Obowian geschrieben) ein, den er stärker
auswertet als die übrigen aserbeidschanischen Forscher.

Aus der Arbeit Jenikolopows seien folgende wichtige Einzelheiten angeführt:

1. Jenikolopow hält den biographischen Abriß Bergés bis in die Einzelheiten hinein für glaubhaft. Als Grund führt er u.a. die Glaubwürdigkeit der
Quelle Bergés an, die Aussagen des "aufgeklärten" Scheich-ul-Islam Achund

<u>Molla Achmed</u> an. (Umgekehrt machen Rafili und Sseid Sade Bergé den Vor-
wurf, daß er gerade diesen Geistlichen als Gewährsmann gewählt habe, von
dem er nur entstellende Auskünfte habe erhalten können - angesichts des
leidenschaftlichen Kampfes Mirza Schaffys gegen die Geistlichkeit, statt sich
etwa bei Achundow Auskunft zu holen. Daß allerdings sowohl die Klassiker
des 18. Jahrhunderts als auch mehrere der Gewehrsmänner Rafilis und
Sseid Sades aus dem 19. Jahrhundert Geistliche waren, setzt sie offenbar
nicht herab, nicht einmal, obwohl ihnen der Ehrentitel "aufgeklärt" nicht zu-
gesprochen wird, wenigstens nicht ausdrücklich.)

2. Die Einzelheiten der Lehrtätigkeit Mirza Schaffys in Tiflis und Gandscha werden auf Grund der archivarischen Unterlagen genau ermittelt, wobei
seine unterrichtlichen Erfolge als "völlig befriedigend" bzw. als "durchaus
gut" beschrieben werden. "Dichter" wird er in keiner dieser Urkunden genannt, was allerdings in Aktenstücken auch kaum zu erwarten ist.

3. Die Daten des Aufenthaltes Bodenstedts in Tiflis werden festgelegt:
er habe sich vom Februar 1844 bis zum April 1845 dort aufgehalten. Bodenstedts Angabe in der 4. Auflage von "Tausend und ein Tag im Orient", er
sei "ein paar Jahre" in Tiflis gewesen, sei also irreführend. - Demgegenüber weist Sseid Sade nach, daß Bodenstedt schon im November 1843 in Tiflis eingetroffen ist, so daß also höchstens noch von einer Übertreibung die
Rede sein kann.

4. Mirza Schaffy sei als "Dichter" erstmalig gegen Ende der zwanziger
Jahre erwähnt. Damals habe er an einem Empfang durch den persischen Thronfolger Abba Mirza in Täbris (Persien) teilgenommen und bei einem Angriff
anderer Dichter gegen dessen Außenminister Feth-Ulla für diesen Partei genommen. Als Quelle gibt er E. Weidenbaum, "Kaukasische Erinnerungen an
Puschkin" an. - Diese Mitteilung ist überraschend, kann aber schwer nachgeprüft werden. Sie wäre, wenn kein Irrtum vorliegt, geeignet, die späteren
Feststellungen Bergés und Bodenstedts, Mirza Schaffy sei überhaupt kein
Dichter gewesen, zu erschüttern. Sie ist aber vermutlich falsch, da Sseid
Sade bei der Untersuchung, ob Mirza Schaffy aus Persien stamme, katego-
risch feststellt: "Er war niemals in Persien". (Sseid Sade S. 30.)[1]

---

1) Allerdings kennt auch Sseid Sade die Mitteilung Weidenbaums. Er beanstandet aber, daß Weidenbaum gar nicht auf den Gedanken gekommen sei,
den damals in Täbris beteiligten Mirza Schaffy mit unserem Mirza Schaffy
Vasech gleichzusetzen (wofür unseres Erachtens allerdings auch erst der
Beweis angetreten werden müßte, vgl. Sseid Sade S. 210)

5. Die Liebesgeschichten Mirza Schaffys seien bei Bodenstedt richtig nacherzählt. Zusätzlich ermittelt Jenikolopow, daß Mirza Schaffys zweite Gattin in Gandscha bei der Schulverwaltung nach dem Tode ihres Mannes einen Antrag auf Pension gestellt habe, der abgelehnt worden sei. - Demgegenüber hält Sseid Sade die Darstellung Bodenstedts für irreführend und bezichtigt ihn bewußter Verfälschungen.[1]

6. Zu der Frage, ob Mirza Schaffy das Russische beherrscht habe, äußert sich Jenikolopow etwas widerspruchsvoll. Zuerst teilt er mit, Mirza Schaffy sei bei seiner Bewerbung um eine Lehrerstelle in Tiflis anfänglich zweimal abgelehnt worden "wegen seiner völligen Unkenntnis der russischen, der georgischen und der armenischen Sprache", höchstens in einer rein tatarischen Schule könne er angestellt werden (S. 23). Mit Bodenstedt habe Mirza Schaffy nur aserbeidschanisch gesprochen (S. 87). (Hier bemerkt er mit einer gewissen Berechtigung, Bodenstedt habe in der kurzen Zeit seines Aufenthaltes in Tiflis unmöglich eine der östlichen Sprachen so gründlich erlernen können, um Lieder vom bloßen Hören sofort persisch aufzuschreiben. Zweifel erweckt aber auch die weitere Bemerkung, Aserbeidschanisch habe er so gut verstanden, daß er aserbeidschanische Lieder nicht nur habe sofort übersetzen, sondern auch das orientalische Kolorit habe treffend wiedergeben können. Diese (doch wohl unbegründete) Feststellung soll dann als Beweis dafür dienen, daß Bodenstedt Mirza Schaffys tatarische Lieder nach Diktat habe aufschreiben können.) Nun erhebt er aber gegen Bodenstedt den Vorwurf, er habe an keiner Stelle Mirza Schaffys Kenntnis des Russischen erwähnt, wo-

---

1) Indem er gegen Bodenstedt und gegen Jenikolopow die Liebesgeschichten Mirza Schaffys ins richtige Licht zu rücken versucht, merkt Sseid Sade an, die Geliebte (allerdings nicht die Frau) Mirza Schaffys in Tiflis sei die Georgierin Susanna (also eine Christin). Er nennt sie dessen "Lebensfreundin". Verheiratet sei Mirza Schaffy weder in Tiflis noch in Gandscha gewesen. Trotzdem habe man Sseid-Nissa, die wegen ihrer vorgeblichen Ehe mit Mirza Schaffy in Gandscha eine Pension beantragt habe, 7 Jahre nach Mirza Schaffys Tode eine einmalige Abfindung gewährt. - Fraglich ist mir, ob Sseid Sade die Freundschaft mit einer "Susanna" nur auf Grund des in dem Gedicht bei Rafili vorkommenden Namens konstruiert hat oder ob er den Namen noch aus einer anderen Quelle kennt. Er bemerkt nur, daß "deren Persönlichkeit völlig glaubwürdig" sei (S. 20).

mit er ihm völlige Unbildung gegenüber der abendländischen Kultur habe bescheinigen wollen. An dieser Stelle bezichtigt er Bodenstedt geradezu der Lüge. Wie gut er das Russische beherrscht habe (im Gegensatz zu der oben angeführten amtlichen Angabe), beweise die Mitteilung Bergés, er habe ein Gedicht Veltmans aus dem Russischen ins Arabische übersetzt (Aleksandr Fomitsch Veltman, 1800 - 1870, Romanschriftsteller, Nachahmer Sternes und Jean Pauls, den Rafili und Sseid Sade zum progressiven Kritiker der Bourgeoisie seiner Zeit deklarieren). - Wie wenig die Übertragung eines einzigen Gedichtes aus einer fremden Sprache in die eigene als Beweis guter Kenntnisse der fremden zu besagen hat, bezeugt die Geschichte der Übersetzungen reichlich. Außerdem schließt die knappe Mitteilung Bergés nicht aus, daß Mirza Schaffy das Veltmansche Gedicht erst durch Vermittlung des Tatarischen kennengelernt hat. Schließlich aber wird Jenikolopow durch einen Passus in Bodenstedts "Erinnerungen aus meinem Leben", Band 1, Berlin 1888, direkt widerlegt. Dort nämlich schreibt Bodenstedt: Dr. Georg Rosen "nahm eine Zeitlang teil an meinem Unterricht bei Mirza Schaffy, wobei ich seinen Erklärungen tatarischer und persischer Lieder mehr verdankte als denen meines Mirza, da diesem als Hilfssprache nur sein unzulängliches Russisch zu Gebote stand" (dort S. 291).

7.   Besonderes Gewicht mißt Jenikolopow im Zusammenhang mit Mirza Schaffy und Bodenstedt Abowian bei (auch in der Brockhaus-Enzykopädie 1966 aufgeführt), dessen Lebensgeschichte er in Umrissen wiedergibt. Der Armenier Abowian, dem auch Bodenstedt in "Tausend und ein Tag im Orient" III, 16 ein ihn besonders rühmendes Kapitel widmet, diente - nach theologischer Ausbildung in Etschmiadsin - dem Rektor der Universität Dorpat, Friedrich Parrot (1791 - 1841, Naturforscher und Forschungsreisender) als Begleiter bei dessen Ararat-Besteigung, erlangte dann durch denselben die Möglichkeit des Studiums in Dorpat, wo er sich das Deutsche vollkommen aneignete. Später habe er den deutschen Freiherrn Fr. von Haxthausen (1792 - 1866, 2 Bände "Transkaukasia", 1856) durch Transkaukasien begleitet, der überall die Hilfe Abowians rühmend erwähne. Schließlich sei er in nähere Beziehung zu Bodenstedt getreten. Dieser aber habe im Unterschied zu Haxthausen nicht erwähnt, wieviel er Abowian zu verdanken habe (Aus

"Tausend und ein Tag im Orient" gewinnt man einen anderen Eindruck).[1]

Und nun folgt eine sehr interessante und vielleicht nicht abwegige Hypothese:
Bodenstedts Kapitel über "Volk und Kirche in Armenien", "Armenisches
Allerlei", "Keschil Oglu", "Eine Armenische Hochzeit" seien so vorzüglich,
daß Bodenstedt sie auf keinen Fall bei seinem verhältnismäßig recht kurzen
Aufenthalt in Transkaukasien auf Grund eigener Beobachtungen habe abfas-
sen können. Der wirkliche Verfasser könne kein anderer sein als Abowian.
Diese (übrigens weder bei Rafili noch bei Sseid Sade wiederkehrende) Hypothese erscheint durchaus einleuchtend. Tatsächlich ist Bodenstedt seinen
Quellen gegenüber nicht immer genau. Als Beleg hierfür dient insbesondere
ein Aufsatz von D. Tschizewski (innerhalb seiner "Literarischen Lese-
früchte": "Zu den Übersetzungen Bodenstedts" in: "Zeitschrift für Slawische Philologie" 19 (1947), S. 368 - 371). Hier weist Tschizewski nach,
daß sich die Zahl der Übersetzungen Bodenstedts "nicht auf die ausdrücklich
als Übersetzungen bezeichneten Gedichte" beschränkt. In der Abteilung
"Volksweisen als Intermezzo" (1852) finden sich "mehrere Gedichte, die
Übersetzungen bekannter russischer Gedichte sind, wenn Bodenstedt darüber
auch kein Wort verliert", obwohl er in einem Prolog versichert:

> "Denn nichts ist fremd hier, nichts Gemachtes,
> Nur selbst Erlebtes, selbst Gedachtes,
> Wie es der Drang zum Liede schuf."

Neben Operntexten und Volksliedern hat Bodenstedt sogar einige Puschkin-
Lieder als eigene Produkte herausgebracht. - Ob diese Unkorrektheit nur
noch mit der Freiheit, die dem Dichter eingeräumt werden dürfte, oder mit
der manchmal betonten Naivität Bodenstedts zu entschuldigen ist, stehe dahin. Jedenfalls erscheint auch mir unter allen Einwendungen, die die Aserbeidschanen gegen Bodenstedt erheben können, diese als die triftigste.

Nachdenklich stimmt deshalb auch die weitere Konsequenz, die Jenikolopow zieht: Bodenstedt gesteht selbst zu, daß er Abowian eine Reihe arme-

---

1) In seinen "Erinnerungen aus meinem Leben" Bd. 1 schreibt Bodenstedt,
   er habe eine "Menge Manuskripte" mitgebracht, worunter er eine
   "Sammlung armenischer und tatarischer Volkslieder dem trefflichen
   Obowian verdanke." (S. 287), und dann stimmt er ein Loblied auf Obowian an.

nischer, tatarischer und kurdischer Gedichte verdanke. Diese habe Abowian
unmittelbar ins Deutsche übersetzt. Jenikolopow kennt ein Heft Abowians
mit kurdischen Volksliedern, die er wortwörtlich ins Deutsche übertragen
hat. Darunter befindet sich auch ein aserbeidschanisches in lateinischen Buch-
staben. Und nun schließt Jenikolopow: "So brauchte Bodenstedt nur der
Übersetzung Abowians poetische Form zu geben und sie für seine eigene
Arbeit auszugeben" (S. 93). - Auch dieser Schluß ist nicht ganz von der
Hand zu weisen. Allerdings, daß auch unter den "Liedern des Mirza Schaffy" solche Bearbeitungen Abowianscher Vorlagen zu finden seien, spricht
selbst Jenikolopow nicht deutlich aus.

Einen ähnlich gearteten Verdacht hegt auch Sseid Sade. Nur ist bei
ihm von einer Mittlerrolle Abowians zwischen Bodenstedt und Mirza Schaffy
nicht die Rede. Sseid Sade gründet seinen Verdacht nur auf das "Buch der
Weisheit", das Mirza Schaffy Bodenstedt nach dessen Rückkehr aus Armenien schenkte (Bodenstedt, "Tausend und ein Tag", II, S. 79) und das Bodenstedt, wie Sseid Sade überzeugt ist, später vernichtet hat, um sein Plagiat zu verschleiern (Rafili hofft noch auf dessen Wiederauffindung). - Und
es sei zugestanden, daß man in diesem Zusammenhang einen kleinen Verdacht gegen Bodenstedt nicht los wird: Ist auch dieses Geschenk Mirza Schaffys an Bodenstedt eine bloße dichterische Erfindung (warum sollte sie es
sein?)? Wenn aber nicht: Was hat Bodenstedt später damit angefangen? Er
erwähnt zwar, er besitze auf "vergilbten Blättern" eigene kaukasische Notizen, die er selbst nur noch schwer lesen könne (im "Nachlaß"). Aber über
das von Mirza Schaffy selbst geschriebene Büchlein, das doch den größten
persönlichen Wert für ihn selbst und für uns die größte dokumentarische Bedeutung haben müßte, schweigt er unverständlicherweise. Nur erwähnt er
einen "Nachlaß" mit einigen von Mirza Schaffy selbst nachweislich verfaßten
Gedichten, wovon später die Rede sein solle - eine löbliche Absicht, die aus
unerklärlichem Grunde unerfüllt geblieben ist (vgl. S.17). Und auch, daß die
Familie Bodenstedts nach dessen Tode "zu irgendwelcher Förderung, Aus-
kunfterteilung oder nur Controle nicht zu bestimmen" war (vgl. Ludwig
Fränkel in der "Allgemeinen Deutschen Biographie", Band 47, S. 67), ver
dichtet das Dunkel über diesem Heft Mirza Schaffys eher noch.

Keinem der aserbeidschanischen Verfasser ist es so gelungen wie
Jenikolopow, doch einige Zweifel an der Zuverlässigkeit Bodenstedts auf-
kommen zu lassen. Sie reichen indes keineswegs aus, nun daraus den posi-
tiven Beweis anzutreten, die "Lieder des Mirza Schaffy" seien echt und
Mirza Schaffy sei doch der große originelle Dichter gewesen, als den ihn
der junge Bodenstedt gepriesen habe. Dem stehen allzu schwerwiegende
Gründe entgegen, in denen mich vor allem Sseid Sades erkünstelte Pseudo-
argumente und Rafilis übermäßige Begeisterung, die sich auf eine bloße
Scheinkonstruktion gründet, geradezu bestärkt haben.

8. Auch Jenikolopow gibt in seinem Nachwort zu, Mirza Schaffy sei
einsam und von allen vergessen gestorben. Nicht einmal die führende Zeitschrift "Kavkas" habe ihm einen Nekrolog gewidmet. "Seine Zeitgenossen
sind so unachtsam, so undankbar gewesen, daß sie keine Gedichte, Erinnerungen oder biographischen Angaben aufbewahrt oder veröffentlicht haben."
(S. 94) Als vermuteten Grund dafür gibt er die noch so niedrige Entwick-
lungsstufe des aserbeidschanischen literarischen Bewußtseins an. Allerdings müßte man die Gegenfrage stellen, warum denn die Erinnerung an
Vagif, Vidadi, Achundow u. a. durchaus lebendig geblieben ist, während den
ihnen ebenbürtigen Klassiker der aserbeidschanischen Dichtung ein so dunk-
les Los getroffen habe.

9. Zum Inhalt der Lieder Mirza Schaffys äußert sich Jenikolopow wenig. Er nennt sie einmal "bakchisch", ein andermal "anakreontisch" (wogegen Sseid Sade sicher Widerspruch hätte anmelden müssen). Daß er "in vielen Gedichten auch soziale Gedanken" findet (S. 80), mag ähnlich zu bewer-
ten sein wie die unvermeidliche (und entschuldbare) Captatio benevolentiae
am Schluß des Buches, Mirza Schaffy habe sich mit den einfachen Leuten
des Volkes so eng verbunden gefühlt (obwohl er als "Beamter" in höheren
Ständen habe verkehren müssen), daß man ihn erst "in unserer großen stali-
nistischen Epoche" recht verstehen könne.

10. Als Grund, der Bodenstedt veranlaßt habe, das dichterische
Werk Mirza Schaffys später für sich selbst in Anspruch zu nehmen, scheint
Jenikolopow dessen Eitelkeit anzunehmen, obwohl er diese Vokabel nicht
benutzt. Als die Zahl der Verehrer Mirza Schaffys so angewachsen sei, daß

manche - wie der Ägyptologe Brugsch - eigens deshalb nach Tiflis gepilgert
seien, habe er sich zu einer "groben Mystifizierung" (S. 85) entschlossen
und sich dabei des Einverständnisses des bekannten Kaukasusforschers
Bergé versichert. (Diese Darstellung des Zusammenhangs zwischen Bodenstedt und Bergé ist mindestens ungenau, da offenbar weder eine persönliche
noch eine briefliche Verbindung zwischen beiden bestand und Bergé die Resultate seiner Untersuchung über Mirza Schaffy mitgeteilt hatte, ehe Bodenstedt überhaupt etwas von Bergé wußte.) - Später habe Bodenstedt dem Herausgeber der "Russkaja Starina", M. J. Ssemewskij, gegenüber bei dessen
persönlichem Besuch in Wiesbaden im Januar 1886 eine andere Version gegeben. Ssemewskij berichtet: "Herr Bodenstedt hat seine Sammlung dichte-
rischer Werke unter dem Namen seines früheren Lehrers für das Studium
der orientalischen Sprachen in Tiflis zum Teil deshalb verhüllt, weil es ihm,
wie er uns erklärte, leichter war, seinen Landsleuten in der Gestalt eines
Übersetzers aus dem Persischen vieles zu sagen, was er in jenen Jahren,
als in Deutschland noch keine Freiheit des Wortes und der Presse herrsch-
te, nicht hatte sagen können", eine Begründung, die dann auch die russischen
Gelehrten A. Müller, A. Krymskij und alle anderen Biographen übernommen
hätten. (bei Jenikolopow S. 86)[1] - Und doch hat wohl unter allen Gründen,

---

1) Derselbe Ssemewskij soll übrigens (laut Sseid Sade) eine Äußerung Bodenstedts mitgeteilt haben, wonach dieser den Namen "Mirza Schaffy" mit
dem einfältigen Haustier "das Schaf" in Verbindung gebracht haben soll,
für Sseid Sade ein weiterer Beweis, welche geringe Achtung Bodenstedt
vor seinem Lehrer gehabt habe. (Sseid Sade S. 200)
Jenikolopow zitiert dieselbe Bemerkung, legt sie aber nicht Ssemewskij in den Mund, sondern Bodenstedt direkt, der sie im Vorwort zur
50. Auflage der "Lieder des Mirza Schaffy" im Jahre 1887 gebracht habe.
Dies konnte ich nicht nachprüfen, da mir die 50. Auflage nicht zugänglich war. (Jenikolopow S. 85) - Rafili zitiert dasselbe Vorwort mit der
drolligen Erweiterung (unersichtlich bleibt, wo bei ihm das Zitat endet):
"Mirza Schaffy selbst hat nichts geschrieben. Sein Name wurde spaßes-
halber gewählt (bis hierher stimmt das Zitat wörtlich mit dem bei Jenikolopow angeführten überein), was in der Schreibweise mit zwei f zum
Ausdruck kommt, wonach eine Assonanz an das deutsche Wort "das
Schaff" zustandekommen sollte, während der Name im Persischen (so!)
nur mit einem f geschrieben wird." (Rafili S. ~31). - In jedem Fall scheint
sich der alternde Bodenstedt einer kleinen sicher humorvoll gemeinten
Taktlosigkeit gegenüber seinem sonst aufrichtig geachteten tatarischen
Lehrer schuldig gemacht zu haben.

die Bodenstedt bewogen haben mögen, sich zunächst hinter dem Namen Mirza Schaffys zu verstecken, dieser einen gewissen Grad der Wahrscheinlichkeit, was übrigens auch der Deutung der Lieder durch Sundermeyer (Dissertation von 1930, s.o.) am ehesten entspricht.

Sseid Sade erwähnt Jenikolopow verhältnismäßig selten. Wenn er es tut, geschieht es fast nur, um ihm Fehler nachzuweisen. Die mangelnde Einstimmigkeit der aserbeidschanischen Forscher kann natürlich durchaus positiv gedeutet werden. Sie gleicht nicht einer stillschweigenden Absprache, einen Toten zum Leben zu erwecken. Auffallend stark ist sie allerdings.

Vor seinen Landsleuten zeichnet sich Jenikolopow durch seine sachliche, ja geradezu trockene Darstellungsweise aus. Der objektive Sinn des Historikers scheint am stärksten in ihm entwickelt. Brauchbarer wäre seine Studie noch, wenn sie sich zum Ziel gesetzt hätte, den wirklichen Autor der "Lieder des Mirza Schaffy" ausfindig zu machen. Er geht aber ebenso wie Rafili und Sseid Sade von dem Apriori aus, der Autor sei Mirza Schaffy selbst gewesen, und gelangt demgemäß zu dem erwünschten Schluß. Schon in seinem Vorwort nennt er ihn "diesen hervorragenden Dichter und, wie die Zeitgenossen ihn nannten, "Weisen aus Gandscha". Diesen Ehrentitel hat er aber offenbar nur <u>einem</u> Zeitgenossen zu verdanken, nämlich Bodenstedt. Von anderen, die ihn so genannt hätten,ist nirgends die Rede, auch bei Sseid Sade nicht.

Der letzte der vier aserbeidschanischen Gelehrten, die sich eingehender mit Mirza Schaffy befaßt haben, ist <u>Mikael Rafili.</u> Sein Buch trägt den Titel "Mirsa Schafi in der Weltliteratur" und den Untertitel: "Zur Frage des literarischen Erbes Mirsa Schafis und des Plagiats Friedrich Bodenstedts" (Baku 1958, 120 Seiten). Geschrieben wurde es also zwischen der ersten (1940) und der zweiten (1969) Veröffentlichung Sseid Sades.

Auf Sseid Sades erste Arbeit nimmt Rafili nur mit wenigen kritischen Bemerkungen Bezug. Er erwähnt ihn als einen der drei Entdecker des echten Mirza Schaffy (neben Askerow Mumtaz und Jenikolopow). Er übernimmt von ihm einige Korrekturen des früheren Mirza-Schaffy-Bildes, z. B. das richtige Geburtsdatum 1792 (das übrigens so sicher nicht sein kann, da die

Akten in Tiflis ihm widersprechen. Rafili und Sseid Sade entschließen sich
gegen eine Urkunde für die Version Bergés). Er beanstandet aber, daß
Sseid Sade schon 1936 die Veröffentlichung der 1928 - 1934 entdeckten Originaltexte Mirza Schaffys versprochen habe, sein Versprechen aber bisher
nicht erfüllt habe. Er bemängelt ferner, daß Sseid Sade in seiner umfangreichen Arbeit "großenteils zweitrangige Fragen berühre", obwohl sie sich
im ganzen "als sehr nützlich" erweise. (S. 34, Fußn. 2)

Auf all die tüftligen Untersuchungen Sseid Sades zu den vielen Spuren,
die Mirza Schaffy angeblich in der aserbeidschanischen Literatur des 19.
Jahrhunderts hinterlassen habe, geht Rafili gar nicht ein.

So fehlt z.B. der Name des Rivalen (so Bodenstedt) und des Freundes
(so Sseid Sade) Mirza Schaffys, Mirza Jussuf, des "Weisen von Bagdad",
dem Sseid Sade große Bedeutung beimißt, ganz. - Andererseits ist Rafilis
Arbeit fleißiger in der Auswertung sekundärer deutscher Quellen, die Sseid
Sade nur am Rande berührt: so hat er vor allem den Briefwechsel Bodenstedts sorgfältig studiert[1] - das ist der stärkste Teil seiner Untersuchung
und wohl der einzige, der den Kritiker ein wenig nachdenklich zu stimmen
vermag. - Auch sind ihm einige Übersetzungen von Liedern Mirza Schaffys
aus dem Aserbeidschanischen ins Russische zu verdanken, obwohl man gerade auch hier die deutliche Angabe der Quelle vermißt, was so wichtig gewesen wäre. Er übernimmt sie von einem Übersetzer namens V. Lugowskij,
der sie Ssalman Askerow Mumtaz zu verdanken habe. Über ihre Auffindung
und über das aserbeidschanische Original macht er keine näheren Angaben.

Im ganzen ist das Buch Rafilis freundlicher gegen Bodenstedt gestimmt
als das Sseid Sades, der sich trotz größerer Gelehrsamkeit durch einen geradezu persönlichen Haß gegen Bodenstedt und durch eine bornierte Hinein-
deutung protomarxistischer Ideen in Mirza Schaffy hervortut. Er findet manches anerkennende Wort über die Objektivität Bodenstedts. Vor allem aber
erkennt er Bodenstedts Verehrung für und seine Liebe zu Mirza Schaffy un-
eingeschränkt an, die Sseid Sade auch nur zu erwähnen völlig unterläßt. So

---

1) Vgl. Gustav Schenck: "Friedrich Bodenstedt, Ein Dichterleben in seinen
   Briefen 1850 - 1892", Berlin 1893.
   Diesen Briefwechsel habe ich nicht verwerten können.

nimmt er denn das ganze in "Tausend und ein Tag im Orient" gezeichnete
Bild Mirza Schaffys fast buchstäblich für wahr (einschließlich der Liebesgeschichten). Er hält die "Lieder des Mirza Schaffy" - von kleinen Einschränkungen abgesehen - für wort- und sinngetreue Übertragungen, aus
denen der gute Wille Bodenstedts abzulesen sei.

Seine Beweisführung zugunsten der Echtheit der Gedichte Mirza Schaffys zieht er hauptsächlich aus den charakterlichen und weltanschaulichen
Gegensätzen zwischen Bodenstedt und Mirza Schaffy (wieder ein völlig neu-
er Gesichtspunkt gegenüber Jenikolopow und Sseid Sade). Über viele Seiten
hin verbreitet sich der Verfasser über die gegensätzliche charakterliche
Veranlagung und das gegensätzliche Weltgefühl der beiden.

Bodenstedts Grundzug sei Pessimismus gewesen. "Fast nie in seinem Leben verließen ihn (Bodenstedt) Pessimismus und seelische Unausge-
glichenheit". "Schopenhauersche Verzweiflung" habe ihn an den Rand des
Selbstmords geführt (S. 68). Er charakterisiert ihn als "willensschwachen,
unselbständigen, hilflosen Melancholiker". Dieser Charakterzug sei auch
die Ursache seiner Religiosität. "Tiefer und tiefer in Fatalismus versin-
kend" habe er einen Ausweg nur im Glauben an Gott bis hin zur "Gebetsekstase" gefunden. Dazu passe es natürlich, daß er ein Feind des Materialismus und dementsprechend politisch ein ausgesprochener Reaktionär gewesen sei. So habe er sich während der revolutionären Unruhen in Wien
verängstigt mit einem kleinen Kreis von Freunden zurückgezogen und ihnen
weltflüchtig von Tiflis (und sicher doch auch von seinem Freund Mirza Schaffy, der aber gerade im Wesen revolutionär war) vorgeschwärmt. Auch Rafili zieht in diesem Zusammenhang wieder einige negative Urteile von Sozialisten, besonders Friedrich Engels, zu Hilfe, die die typische reaktionäre
Haltung Bodenstedts und der deutschen Bourgeoisie, der er zugehört, be-
leuchten sollen. - Die Beweisführung schreitet nun zum Ästhetischen fort:
Bodenstedt war ein guter Übersetzer - daran lasse sich nicht zweifeln, aber
ein schlechter Dichter. Das gestehe selbst die spätere deutsche Literaturwissenschaft zu. Seine eigenen Gedichte seien inhaltlich und ästhetisch
nichtssagend.(Der erste russische Übersetzer, Markow,hatte Bodenstedt

noch auf <u>eine</u> Stufe mit Heinrich Heine gestellt. Anderen Russen gilt er als
Shukowskij ebenbürtig.)[1]

Welchen Schluß zieht Rafili hieraus? Die von Bodenstedt so trefflich
übertragenen Gedichte Mirza Schaffys stehen in völligem Gegensatz zum
eigenen Dichten Bodenstedts, und zwar sowohl inhaltlich als auch künstle-
risch. In den Übersetzungen seien Freude an der Natur, Freude am Menschen, Optimismus, Realismus, Materialismus, Kampf gegen die Mullas
und die feudalistischen Machthaber, kurz, alles Progressive und Lebensbe-
jahende (gegen die bodenstedtsche Lebensverneinung) abzulesen. Welch
klareren Beweis für die Echtheit der Lieder Mirza Schaffys könne es geben
als diesen krassen Gegensatz! Wie hätte der hoffnungslos tiefgestimmte
Bodenstedt je Gedichte so lebensbejahend-fortschrittlichen Geistes selbst
fabrizieren können! Es könne keinen natürlicheren Schluß geben, als daß er
sie nur übersetzt hat - und das konnte er gut!

Einwände gegen diese so klare (und so naive) Konstruktion haben den
Verfasser offenbar kaum geplagt, Einwände wie etwa folgende: Warum hat
sich Bodenstedt dann eigentlich so stark mit Mirza Schaffy identifiziert und
ihn lebenslang als das stärkste Ferment seines geistigen Seins empfunden?

---

1) So schreibt z. B. der auf S. 69 erwähnte M. I. Ssemewskij: "Friedrich Bodenstedt bedeutete als Dichter und Übersetzer für die deutsche Literatur
dasselbe wie Shukowskij für die russische." (in: Russkaja starina, 1887).
Diesen Hinweis verdanke ich Frau Annelore Engel-Braunschmidt, Hamburg, die z. Zt. eine Dissertation über die 1877 in St. Petersburg erschienene Anthologie von N. V. Gerbelj "Nemezkije poety v biografijach i
otreszach" (= Deutsche Dichter in Biographien und Auszügen) verfaßt, der
einzigen in Rußland je erschienenen deutschen Anthologie. Darin ist Bodenstedt mit 7 Gedichten vertreten (4 davon aus den "Liedern des Mirza
Schaffy"). Die Übersetzungen stammen von V. V. Markow, M. L. (Schel-
ler-) Michailow und Pleschtschejew. Die biographische Einführung schrieb
Markow. Sie läßt nicht deutlich erkennen, ob der Herausgeber die 4 Gedichte aus den "Liedern" für echte Übersetzungen oder schon für Schöpfun-
gen Bodenstedts hielt. - Derselben Doktorandin verdanke ich auch den Hinweis auf einen Originalbrief Bodenstedts an Gerbelj vom Jahre 1862, den
sie selbst in der Handschriftenabteilung der Staatlichen Bibliothek Lenin-
grads aufgefunden hat. Gerbelj hatte Bodenstedt offenbar um Ergänzungen
zu einer von ihm geplanten Gesamtausgabe Lermontows gebeten (den Bodenstedt persönlich kannte), erhielt von ihm aber nur ein einziges Gedicht,
das er auf Grund eines mündlichen Vortrags frei ins Deutsche übertragen hatte, und die Schlußstrophe zu einem anderen Gedicht, die er der Abrundung
wegen frei hinzugefügt hatte. Der Brief läßt immerhin erkennen, daß Bodenstedt sich zwar gewisse Freiheiten erlaubte, aber auch sich selbst und anderen gegenüber zur Rechenschaft bereit war.

Warum haben die revolutionären Gedichte Mirza Schaffys gerade bei der so
reaktionären deutschen Bourgeoisie einen so ungeheuren Widerhall gefunden?
Warum haben die deutschen Dichter und Literaturkritiker seit Verblassen des
Rufs Bodenstedts gerade an der Seichtheit seiner "Lieder des Mirza Schaffys"
besonderen Anstoß genommen und Bodenstedt und Mirza Schaffy in einen Topf
geworfen? Denn Bodenstedt ist <u>wegen</u> Mirza Schaffy, nicht <u>trotz</u> ihm schließlich geradezu ungerechter Geringschätzung verfallen, ja sogar Gegenstand
mehrerer Parodien geworden. Um 1890 kommen Schmähschriften unter folgenden Überschriften heraus: "Mirza Schaffy im deutschen Reichstag", "Mirza Schaffy im Waffenrock, ein lustiges Vade mecum für den Einjährig-Frei-
willigen", "Lieder des Mirza Schaffy, satirische Gedichte" in drei Bändchen.
Also gerade gegen Mirza Schaffy richtet sich der Spott einer späteren Generation. (Die Titel sind Ludwig Fränkels Aufsatz über Bodenstedt in der "Allgemeinen deutschen Biographie" entnommen.)

Nun, man sollte Rafili die Freude an dieser Art der Beweisführung gön-
nen, wenn wenigstens die Tatsachen, auf die sie sich gründen, stimmten. Die
aber sind so verzerrt, und zwar ad hoc verzerrt, sowohl was Bodenstedt wie
auch was Mirza Schaffy angeht, daß auf eine Richtigstellung nicht ganz ver-
zichtet werden kann.

Zu Mirza Schaffy: Unter allen Liedern Mirza Schaffys findet sich nicht
ein einziges eindeutig atheistisches. Gewiß belustigt er sich oder spottet gar
über Mullas und Moscheen und zieht ihnen die Schenke vor (Das taten Omar
Chajjam und Hafis und Fuzuli nicht minder. Sseid Sade weist ja gerade nach,
daß das Gedicht "Mulla, rein ist der Wein" nicht von Mirza Schaffy, sondern
schon von Fuzuli stammt). Gewiß mag manche Anrufung Gottes als Zugeständnis an den Zeitgeist oder als Verschleierung tieferer Skepsis zu werten sein.
Aber für eine bewußte Leugnung Gottes findet sich keinerlei Anhaltspunkt, ja
nicht einmal für eine Leugnung der Autorität des Propheten. Er ist gewiß ebensowenig wie übrigens Bodenstedt selbst tiefer fromm, aber keinesfalls aggres-
siv gegenüber dem ererbten Glauben. Er ist nicht weniger religiös als das
herkömmliche, seinem Ursprung längst entfremdete Sufitentum überhaupt.
Wie findet sich denn Rafili mit einem Lied wie folgendem ab (zumal er nun
doch einmal alle Lieder Mirza Schaffys für echt hält)?

> "Gott hieß die Sonne glühen
> Und leuchten durch alle Welt;
> Er hieß die Rose blühen
> Auf duftigem Blumenfeld.
>
> Er hieß die Berge sich türmen
> Und über die Lande erheben -
> Ließ Winde wehen und stürmen,
> Schuf vielgestaltiges Leben.
>
> Er gab den Vögeln Gefieder,
> Dem Meer sein ewiges Rauschen;
> Mir gab er sinnige Lieder,
> Euch Ohren, ihnen zu lauschen."
>
>   (Lieder des Mirza Schaffy
>   Abt. Tiflis, Nr. 19)

oder mit der Strophe:

> "Ich sage Euch daß
> Gott fern solchem Getriebe!
> Ungöttlich ist der Haß,
> Und göttlich nur die Liebe!"

Womit man den Materialismus Mirza Schaffys begründen will, ist ebenso unerfindlich, es sei denn, man stülpte den Begriff völlig auf den Kopf. Zumindest widerspricht ja jenes von Bergé übermittelte Gedicht (s. S. 56 f), dessen Echtheit weder Sseid Sade noch Rafili anzweifeln, das sie aber beide nicht zitierten (sicher auch nicht hätten zu zitieren wagen können), dem angeblichen Materialismus Mirza Schaffys buchstäblich. Denn dort heißt es: "Die Strahlen der Schönheit des Seins zerstreuten die Finsternis des Materialismus".

Mirza Schaffys angeblicher Kampf gegen die feudalistische Gesellschaftsordnung steht auf ebenso schwachen Füßen. Gewiß kann Rafili auf Lieder verweisen wie das gegen den persischen Großvesier Mirza-Hadshi-Aghassi gerichtete("Lieder des Mirza Schaffy", Abt. "Lieder der Klage" Nr. 13, das übrigens Sseid Sade anders deutet). Auch das Gedicht "Es hat der Schah mit eigener Hand ein Manifest geschrieben" verrät eine gewisse Portion Ironie, ebenso die zwei Strophen "Zum Diwan der Vesiere mußt ich kommen". Das längere Lied "Frage und Antwort" ist nicht eben den Fürsten gewogen, aber ebensowenig genügt es revolutionären Ansprüchen. Es schließt nämlich mit den-ach-so epikureisch selbstgenügsamen Versen:

> "Ein jeder tu nach seiner Weise.
> Ich singe nur, was mir gefällt,
> Und davon gibt es in der Welt
> Soviel, daß ich mich allezeit
> Von dieser Fülle nähren kann
> Und füglich die Vergangenheit
> Mit ihrem Glanz entbehren kann."

Das also ist der "Revolutionär" Mirza Schaffy!

Schließlich lassen die beiden folgenden Lieder zwar nicht gerade eine fürstenfreundliche Gesinnung erkennen, aber auch keine prinzipiell feindliche:

> "Wohl gibt es Fürsten,
> Die nach Wahrheit dürsten,
> Doch wenigen ward ein so gesunder Magen,
> Sie zu vertragen."

> "Zu ungleich ist's in dieser Welt,
> Das Kleine muß vom Großen leiden-
> Wie wäre alles wohlbestellt,
> Wenn Gleichheit herrschte zwischen beiden!

> - So klingt das Klagelied der Tadler ...."

Und der Dichter fertigt diese "Tadler" skeptisch ab:

> "Und wenn das alles ist geschehn,
> Ruft mich - das Wunder möcht ich sehn!"

Muß sich nicht das politische Gewissen Rafilis gegen solchen Defätismus geradezu aufbäumen?! - Zwar verweist der Verfasser auf "viele andere Gedichte revolutionärer Art" - ich vermag kein einziges weiteres zu entdecken, es sei denn den Spruch:

> "Der Weise kann des Mächtigen Gunst entbehren,
> Doch nicht der Mächtige des Weisen Lehren."

Dies alles geht doch nicht über die konventionelle Kritik hinaus, die sich der Weise des Orients seit alters erlauben konnte (vergleiche die Sprüche Salomos in der Bibel!). Für Rafili aber ist Mirza Schaffy der "Troubadour der breiten Volksmassen" in ihrem verbissenen Kampf gegen die Herrschenden.

Was schließlich den "Optimismus" Mirza Schaffys anlangt, so kann man Rafili schlechter widersprechen. Wenn der stille Genuß von Wein und Liebe, wenn zurückgezogene, den Weltproblemen abholde Selbstgenügsamkeit, wenn

Verzicht auf große Ideen Optimismus sind, nun dann hat Mirza Schaffy dieses Prädikat verdient. Gewiß, er ist mehr als all das! Er hat (laut Bodenstedt) nach schweren Kämpfen, die ihm anzusehen waren, jenes innere Gleichgewicht gefunden, das ihn zum "Weisen" macht, und dies ist es, was Bodenstedt so ungewöhnlich stark angezogen hat. Aber ist das "Optimismus"? Und selbst im Zustand dieses dauernden seelischen Gleichgewichts (so Rafili) bleibt er nicht unangefochten. Die Rivalität Mirza Jussufs, des "Weisen von Bagdad", wühlt aus nichtigem Anlaß den so Friedfertigen nicht nur zum Zorn, sondern sogar bis zur Handgreiflichkeit auf, und als Bodenstedt später einmal Mirza Schaffys Urteil über einige Verse des für immer ausgeschlossenen Rivalen, der Mirza Schaffy unter die Augen zu treten nie mehr wagte, hervorlocken wollte, macht sich der unversöhnliche Mißmut sogleich wieder in heftig-verächtlichen Schmähversen Luft. Seine Einmaligkeit unter den Weisen des Ostens angetastet zu wissen, erträgt seine Art des Optimismus nicht. Aber auch die Liebe verschafft ihm Seelenschmerzen: "O wie mir schweren Dranges das Herz im Leibe bebt!" ("Tausend und ein Tag im Orient", II, 144) Bodenstedt, "der schopenhauersche Pessimist", muß den Tiefgestimmten trösten: "Es ist die Art der Rosen, daß sie blühen und duften, und die Art der Verliebten, daß sie fröhlich und guter Dinge sind. Du aber bist traurig, o Mirza Schaffy! und das tut mir weh. Du bist traurig, wenn du es auch unter Trinken und Singen zu verbergen suchest." ("Tausend und ein Tag" II, S. 147).

Und selbst in Alltagsdingen ist Mirza Schaffy leicht Seelenerschütterungen und Verstimmungen ausgesetzt. Er ist "sehr schlecht bei Laune". "Selbst die Sonne des Weines, die ich sofort aufgehen ließ, vermochte die Nebel seines Geistes nicht zu zerstreuen" (ebda S. 137).

Einst hatte der Muschtahid (mohammedanischer Obergeistlicher) ihn heftig angefahren und einen "Ketzer und Verderber der Jugend" gescholten. Und da ist Mirza Schaffy tief erschüttert und fürchtet dessen Macht, ihm zu schaden (ebda S. 138). - Auch die Umständlichkeiten, die sich seiner Anstellung am Adligen Gymnasium in Tiflis in den Weg legen, verwandeln seinen Optimismus unerwartet schnell in Verdruß oder Zorn. - Jedenfalls erscheint im Umgang der beiden miteinander Bodenstedt wiederholt als der Tröstende, nie als der Getröstete.

Zu Bodenstedt: Umgekehrt ist das düstere Charakterbild Bodenstedts, das Rafili entwirft, nichts weiter als eine zweckbezogene Erfindung. Gewiß spricht Bodenstedt in seinem Nachlaß von dem Schweren, das auf ihm gelastet habe, ehe er nach Tiflis kam, und das dort erst von ihm abgefallen sei. Gewiß lassen sich aus dem Gesamtwerk des so Schreibbeflissenen Stellen herausfinden, in denen der Epikureer auch einmal litt (und die herauszusuchen, war Rafili fleißig). Er war des öfteren von Krankheit betroffen. Vor allem machten ihm finanzielle Bedrängnisse immer wieder Not. "Obwohl sein Hauptverleger Decker den ewigen Klagen wegen finanzieller Bedrängnisse fast immer sofort abhalf, kam er, teilweise auch infolge häufiger Krankheit, auch der engsten Familie, materiell nie auf einen grünen Zweig", schreibt sein Biograph Ludwig Fränkel in der "Allgemeinen deutschen Biographie". Trotzdem kannten ihn seine Familie, sein sehr großer Freundeskreis, die königlichen, adligen und bürgerlichen Tafelrunden ganz anders, als Rafili ihn kennt: als unterhaltsam, heiter belebend, vielseitig befruchtend, mit einem Sinn, der geringer für das Tragische als für das Lyrische entwikkelt war, überall sehr beliebt und arbeitsfreudig bis ins hohe Alter hinein. Wenn es je einen Antipoden zu ihm gab, so war es Schopenhauer. "Doch nahm, wie er in München als der Liebenswürdigste der dorthin Berufenen galt, noch die Erscheinung des Weißhaarigen, in jugendfrischem Rosateint erglänzenden Greises ohne Affektiertheit durch bezaubernde Freundlichkeit jeden für Geselligkeit, für rhapsodische Deklamation, die wie aus dem Ärmel geschüttelt schien, Empfänglichen, besonders das weibliche Geschlecht, ein. Alle stimmen darin überein, daß es ein Genuß war, ihn aus dem Schatze der Erlebnisse anekdotisch erzählen oder leicht plaudern zu hören. Dazu wirkte eine starke Dosis von, aller Weitläufigkeit trotzenden, Harmlosigkeit mit, eine gewinnende Zier dieses großen Kindes, dem man nie, weder dem Menschen noch dem Dichter, bös sein konnte, den Unzählige innig gern und lieb gehabt oder begeistert verehrt haben, und dessen unverwüstliche Naivität uns weder durch die nie von Arroganz angekränkelte Autor-Eitelkeit noch durch die chronische Geldklemme des lebedurstigen Poeten, des sorgenden Familienoberhauptes jemals lächerlich dünkt." (ebda.)

Seine politischen und religiösen Anschauungen sind kaum einmal Gegenstand einer besonderen Untersuchung geworden, und sie werden es auch gewiß nicht mehr werden. Da er nicht kämpferisch war und gar nicht zum Dogmatischen neigte, lag seiner Natur nachsichtige Indifferenz näher als Einsatz für eine fixierte politische oder religiöse Überzeugung. Er war sicher nicht frömmer als Mirza Schaffy, und mystisch-asketische Neigung zur "Gebetsekstase" ist bei Bodenstedt eine geradezu absurde Verzeichnung, mag auch das zunehmende Alter gelegentlich frömmere Töne ihm entlockt haben (vergleiche die Gedichte in seinem "Nachlaß"! - Weiß man, ob nicht der reifere Mirza Schaffy sich genau so entwickelt hätte?). - Und ein politischer Reaktionär war er höchstens, wenn jeder, der sich nicht aus Überzeugung zwischen Extremen entscheidet, dieses Prädikat verdient. Dann hätte aber auch Mirza Schaffy nicht anders beurteilt werden dürfen. Beide waren im Sinne ihrer Zeit "liberal". [1] Übrigens spricht Sundermeyer sogar von "materialistischen Ansichten" und "revolutionären Verdiensten" Bodenstedts.

Zum Abschluß sei kurz die Behauptung Rafilis geprüft, das poetische Niveau der "echten" Lieder Mirza Schaffys liege turmhoch über dem der eigenen Dichtungen Bodenstedts. Hier streift Rafilis Begeisterung ans Schwärmerische. Sie gipfelt bei seiner ästhetischen Beurteilung der Sprüche und Gedichte Mirza Schaffys, die in späteren Jahrzehnten entdeckt wurden. Die bereits oben besprochenen "Weisen Aussprüche" gelten (wie auch bei Sseid Sade) als Inbegriff alles Tiefsinns. Aber ach, als welch bescheidener Extrakt

---

1) Auf Bodenstedts politische Geschichte wirft auch die Charakteristik, die Richard Meyer in seiner Literaturgeschichte des 19. Jahrhunderts (1900) gibt, ein bezeichnendes Licht: "Bodenstedt ist ein gemäßigter Liberaler gewesen, der in seiner Jugend gegen die orientalischen Zustände in dem Kurhessen Hassenpflugs energisch protestiert hat; daß er, der gar keine politische Ader hatte und für Russland weitgehende Sympathien hegte, kein politischer Dichter wurde, ist seine geringste Sünde. Wenn er mit seinem Geschöpf fühlte, so lag das nicht in politischen Fragen, sondern in der Weltauffassung: die heitere Lebensbejahung, die entschiedene Abwehr aller trüben Weltflucht hat er seinem Vertreter aus eigener Empfindung eingeflößt. Ohne Zweifel war diese kräftige Lebensbejahung, in der er mit der Grundrichtung der ganzen Zeit, mit Lotze und Menzel, mit Freytag und Jordan übereinstimmte, das Allerbeste an Mirza Schaffy; und indem er diese Gesinnung noch weiter verbreitete, hat er stark und segensreich gewirkt." (R. M. Meyer, "Die deutsche Literatur des 19. Jahrhunderts", Berlin 1900, S. 505) - Wieviel besser muß Rafili die deutschen Verhältnisse gekannt haben, um imstande zu sein, ein so entgegengesetztes Bild zu entwerfen!

aus der Spruchliteratur der östlichen Welt müssen sie dem unvoreingenom-
menen, von solchem Enthusiasmus nicht infizierten Leser erscheinen! Manche würden sich sicher, wenn sich die Mühe lohnte, schon in der alttestament-
lichen Spruchweisheit auffinden lassen, andere in der muslimischen Erbau-
ungsliteratur. Wirklich originelle und erleuchtende wird man in dieser für
Mittelschulen zusammengetragenen Spruchsammlung nur mit größter Mühe
entdecken. - Und in welche Ekstase versetzen Rafili nun gar erst die von Lu-
gowski übersetzten Originalgedichte Mirza Schaffys (vorausgesetzt, daß es
wirklich Originale sind!) "Das realistische Weltgefühl, die Begeisterung für
Schönheit und Poesie, die Kunst, die Liebesfreuden des Menschen zart wieder-
zugeben, die als leuchtend und poetisch erfaßte Welt, die tiefe Lyrik, der
Farbenreichtum der Natur, die Stärke der menschlichen Gefühle, die den as-
ketischen Auffassungen des Lebens genau widersprechen - das alles ist äußerst
charakteristisch für das Schaffen Mirza Schaffys (Rafili, S. 114)." "Die Poesie Mirza Schaffys ist Lebensfreude. Sie ist voll von Liebe zum Leben, zur
Gerechtigkeit, zum freien Strömen der Gefühle und Ideen des neuen Menschen.
Durch ihre gefühlsmäßige und ideelle Zielsetzung, durch ihre lyrischen, antiklerikalen und sozialen Motive richtet sie sich gegen alles Böse, Ungerechte,
Verlogene, Unrealistische, Fanatische, Heuchlerische, Scheinheilige, Reaktionäre, das die Ideologie der herrschenden feudalen Kreise der Zeit charak-
terisierte." (ebda. S. 116) usw. usw.

Um nun aber dem Leser selbst ein Urteil über die Dichtungen zu ermög-
lichen, denen dieser Hymnus gilt, seien sie in wortgetreuer Prosaübersetzung
hier wiedergegeben:

Hoch an Wuchs, harmonischen Leibes gehst du vor meinem Blick (so!).
Mein Herz und meine Tränen, worüber grämen wir beide uns?
Verbiete mir nicht, o Scheich, das Entzücken ihres Antlitzes zu sehen!
Woher weißt du, was an dem ewigen Blick des Sängers vorübergehen
          kann?
O du, die du vor mir vorübergehst, du vernichtest mich
Wie die Sonne, die über dem Mond aufgeht in den heftigen Strahlen des
          Feuers.
Wenn dein Leib deine Schönheit so eifersüchtig hütet,
Wann wird mein kurzer Arm dich bebend umfassen?
Deshalb ist Vasechs Stimme so süß in seinen Liedern und Versen,
Daß die Stimme des Sängers von dir spricht, von deinem süßen Rubinen-
          mund.

Wieviel Fixsterne am Himmel und goldene Planeten,
Soviel Wunden haben meinem Herzen deine weiblichen Launen geschlagen
Du bist kein Stern, nicht einer von denen, die am Himmel vom Feuer
                                              entzündet sind,
Aber meine Augen, trunken vom Wein, sind nur auf dich gerichtet.

Du bist ein Engel, aber dein Antlitz, bald ist es Sonne, bald Mond.[1]
Ich bin trunken von dir, doch das Trinkglas ist mir jetzt verboten.
Zeige dich ohne Hülle, licht, zart und harmonisch!
Wie ist die Haarsträhne auf deiner Stirn schön und lieblich!
Den Verliebten hast du in große Verlockung gestürzt, o Susani!

Deinem Wuchs, deinem Bau kann nur Atlas standhalten.
Du kannst die Todesstrafe über mich verhängen allein durch die Bewe-
                                            gung deiner Augen.
Auf dein Wort wird Christus noch einmal auferstehen.
Und in dem, der auf dich blickt, verglüht das Licht des Verstandes.
Alle Gedanken hast du auf einmal in ihm hinweggefegt, Susani.

Jeden Tag geht die Sonne auf, verneigt sich vor dir.
Du gehst morgens in den Garten - und die ganze Pappel erbebt.
Die Knospe, dein Mündchen erblickend, brennt vor Neid.
Ich liebe dich, Tochter des Giaurs (Ungläubigen).
Der hat recht, der sagt, daß du mich von Allah abgezogen hast,
                                            Susani.

(eine längere Strophe ähnlicher Art habe ich mir zu übersetzten erspart)

Kann selbst der wohlwollendste Leser zwischen diesen Ergüssen (die
immerhin orientalischer anmuten als Bodenstedts "Lieder des Mirza Schaffy"
und deshalb möglicherweise tatsächlich echt sind) und Rafilis hymnischen Lob-
sprüchen noch eine Verbindung sehen ("gegen alles Böse, Ungerechte, Verlogene, Unrealistische" usw.)? Man mag ihnen einen gewissen erotisch-wehmü-
tigen Reiz abgewinnen, aber in welchen verborgenen Schichten soll man all
die sozialen, antiklerikalen, antireaktionären Motive des Neuen Menschen
eigentlich aufspüren?

Und das soll der Gipfel der aserbeidschanischen Dichtung des 19. Jahrhunderts sein, der nur noch von Achundow überragt wurde?! "Der große Achundow setzte die besten Traditionen seiner Vorgänger und älteren Zeitgenossen

---

1) Sseid Sade teilt ein Gedicht Mirza Schaffys mit, das in einem Wettstreit
   mit Mirza Jussuf entstanden ist. In seinen beiden ersten Zeilen stimmt es
   wörtlich mit dem oben aufgeführten überein.

(und damit ist Mirza Schaffy gemeint, der Vf.) fort und entwickelte sie, die ihm großen Beistand leisteten in seinem Kampf gegen die feudal-klerikale Welt, im Kampf gegen die idealistischen und mystischen Tendenzen in der Literatur, im Triumph des realistischen Geschmacks." (Rafili S. 116f) Welche Befürchtungen muß man hegen wegen des Geschmacks solcher Apologeten, die offenbar all die Erschütterungen der späteren westlichen und die gewaltigen Metamorphosen der russischen Dichtung vor und nach der Oktoberrevolution kaum miterlebt haben!

ZUSAMMENFASSUNG

Aus der vorausgegangenen Untersuchung ergeben sich folgende Resultate:

I. Zur Biographie Mirza Schaffys:

Nach wie vor bilden Bodenstedts "Tausend und ein Tag im Orient" und Adolf Bergés Artikel in der "Zeitschrift der deutschen morgenländischen Gesellschaft" über Mirza Schaffy die beiden Hauptquellen für das Leben dieses aserbeidschanischen Dichters, und sie sind zugleich die zuverlässigsten. Bergés Informationen sind die des Wissenschaftlers. Daß sein wichtigster Gewährsmann der Scheich-ul-islam in Tiflis war, kann nicht gegen ihn ins Feld geführt werden, da dieser nicht nur ein "aufgeklärter" Geistlicher war (Jenikolopow), sondern da sich auch Bodenstedts größter Gegener, Sseid Sade, in der Hauptsache auf Aussagen von Geistlichen bezieht (z. B. Gaïbow). Jenikolopow und Rafili äußern ohnehin keinen Zweifel an der Zuverlässigkeit Bergés. Und Sseid Sade, der ihn wiederholt verleumderischer Absichten bezichtigt, stimmt trotzdem in allen wichtigen Einzelheiten mit ihm überein. - Bodenstedt selbst bedauert nachträglich, zu wenig biographische Daten über seinen Lehrer gesammelt zu haben. Sein überaus lebensvolles Bild reicht infolgedessen zu einer Biographie nicht aus. Was er aber mitteilt, wird von Jenikolopow und Rafili nicht in Frage gestellt, und selbst Sseid Sade korrigiert das Lebensbild Mirza Schaffys höchstens in Nebensächlichkeiten.

Die Ergänzungen der einheimischen aserbeidschanischen Quellen sind demgegenüber von ganz sekundärer Bedeutung. Jenikolopow fügt aus den Tifliser Archiven Details hinzu, die in keiner Weise Bodenstedt oder Bergé widersprechen. Von zusätzlicher und größerer Bedeutung sind die von ihm herangezogenen Notizbücher oder handschriftlichen Sammlungen Achundows und Nadshis, von denen der letztere einige (vermutlich echte) Lieder Mirza Schaffys im Wortlaut wiedergibt, während der erstere die von Bodenstedt angedeutete, von Sseid Sade zum Prinzip erhobene Abneigung Mirza Schaffys gegen die Geistlichen bestätigt. Alle weiteren mühsam herbeigesuchten Äußerungen aserbeidschanischer Quellen über Mirza Schaffy haben völlig nebensächlichen Rang. Sie bestätigen nur die Feststellung Bergés, daß Mirza Schaffy in Aserbeidschan so gut wie unbekannt war, jedenfalls als Dichter und Denker. Daß er sofort nach seinem Tode in fast völlige Vergessenheit geriet, gibt auch Jenikolopow an. Dieses Vergessen läßt sich aber nicht allein mit dem niedrigen Stand des damaligen aserbeidschanischen literarischen Bewußtseins erklären, da das gleiche Schicksal weder Vagif und Vidadi im 18. Jahrhundert noch Achundow im 19. ereilt hat.

Die übertriebenen Konsequenzen, die besonders Sseid Sade aus der Dürftigkeit der aserbeidschanischen Quellen ziehen will, finden nicht einmal die Zustimmung der anderen aserbeidschanischen Forscher. Rafili nimmt von ihnen überhaupt nicht Kenntnis. Sseid Sade und Jenikolopow divergieren mehrfach. Darüber hinaus versäumt Sseid Sade, anzugeben, bis zu welchem Grade die früheren aserbeidschanischen Autoren selbst da schweigen, wo man unbedingt einen Nachklang Mirza Schaffys hätte erwarten sollen. Warum erwähnen weder die bei Kotscharlinskij z.T. ausführlicher behandelten späteren aserbeidschanischen Schriftsteller noch die bei Mejlman zitierten Mirza Schaffy offenbar nicht mit einem einzigen Wort?

II. <u>Zum angeblichen Plagiat Bodenstedts:</u>
Die aserbeidschanischen Literaturwissenschaftler werfen dem späteren Bodenstedt "Mystifizierung" und Fälschung vor, während sie die früheren Veröffentlichungen Bodenstedts entweder für fast wörtlich (so Jenikolopow und Rafili) oder für doch relativ zuverlässig halten (so Sseid Sade). Als subjektiven Grund für diese Wandlung geben sie entweder Bodenstedts Ruhmsucht oder gar seine angebliche Geldliebe an (so besonders Rafili: Gegen ihn spricht die Aussage Ludwig Fränkels ("Allgemeine deutsche Biographie"), daß Bodenstedts Einnahmen nach seinem Geständnis der Unechtheit der "Lieder Mirza Schaffys" sogar noch zurückgegangen seien. Sseid Sades Vorwürfe gehen noch viel tiefer: Bodenstedt habe von Anfang an, im Alter aber in zunehmendem Maße feindlich-verleumderische Absichten gegen den aserbeidschanischen Dichter gehegt.

Der ältere Bodenstedt selbst gibt als Hauptgrund für die Irreführung des Publikums, die er sich als junger Schriftsteller leistete, den überwältigenden Eindruck an, den der aserbeidschanische Lehrer auf ihn gemacht habe und den er habe verherrlichen wollen. Dankbarkeit und Liebe gegenüber Mirza Schaffy durchziehen sein gesamtes Lebenswerk. In seinem Wiesbadener Gespräch mit Ssemewskij fügt er als weiteres Motiv hinzu, er habe eigene zeitkritische Gedanken einem orientalischen Weisen in den Mund legen wollen, weil die Zensur damals eine offene Sprache kaum zugelassen hätte. Dies zweite Motiv mag nur sekundär mitgewirkt haben. Ludwig Fränkel (in "Allgemeine deutsche Biographie") bezweifelt gegenüber anderen Interpreten, daß die "Lieder des Mirza Schaffy" "irgendwelche maskierten Anwürfe wider deutsche Beamte oder überhaupt heimatliche politische Zustände" enthalten hätten. Sundermeyer versucht allerdings 1930, Anspielungen solcher oder anderer Art (Bodenstedt selbst betreffende Liebesanwandlungen) nachzuweisen.[1] Daß Bodenstedt, von der transkaukasischen Atmosphäre im ganzen und von Mirza Schaffy im besonderen inspiriert, Freude daran fand, nachdem er das Publikum. schon in seinem Reisewerk durch einen freundlichen Betrug für seinen tatarischen Lehrer begeistert hatte, das begonnene Spiel nun durch eine gesonderte Ausgabe der "Lieder Mirza Schaffys" weiterzuspielen, ist psychologisch durchaus verständlich. Außer vermutlichen Anwandlungen schlechten Gewissens haben ihn vor allem die Zweifel ihm persönlich unbekannter Orientalisten (besonders Bergés) schließlich zum Geständnis genötigt. Böse Absicht oder Verlogenheit brauchen deshalb keineswegs impliziert zu werden.

Jedenfalls hat die aserbeidschanische Gegendarstellung, als habe der spätere Bodenstedt, eifersüchtig auf den Weltruhm seines Tifliser Lehrers, erst nachträglich die "Lieder des Mirza Schaffy" sich selbst zugeschrieben, viel weniger Wahrscheinlichkeit für sich, schon deshalb, weil deren Popularität bereits abklang, besonders aber, weil er hätte voraussehen müssen, wie schlecht er für seinen eigenen Ruhm sorgte, indem sich nach seinem Eingeständnis nun erst recht die frühere Begeisterung sehr schnell ins Gegenteil verkehrte. Bodenstedt wurde nun nicht nur wegen seiner eigenen Dichtungen, sondern insbesondere wegen seiner "Lieder des Mirza Schaffy" zum Spott einer ganzen literarischen Generation.

Daß der junge Bodenstedt seinem Lehrer mehr poetische Anregung verdankte, als er später zugab (das einzige Gedicht, das er ihm wörtlich zuschrieb - "Mulla, rein ist der Wein" - stammte ja nicht einmal von Mirza

---

1) Kurt Sundermeyer will z. B. hinter den Ausfälligkeiten Mirza Schaffys gegen Mirza Jussuf getarnte Angriffe Bodenstedts gegen Viktor von Scheffel erkennen.

Schaffy, sondern nachgewiesenermaßen von Fuzuli)[1], ist möglich, aber nicht einmal sehr wahrscheinlich. Der Vorwurf, er sei mit seinen Quellen bisweilen allzu großzügig verfahren, hat allerdings eine gewisse Berechtigung. Daß aber Abowian, wie Jenikolopow andeutet, eine vermittelnde Übersetzerrolle zwischen Mirza Schaffy und Bodenstedt gespielt haben könne, ist wenigstens nicht direkt nachgewiesen. Offen bleibt die Frage, ob Bodenstedt wirklich ein Manuskript Mirza Schaffys besessen hat, und wenn, warum er später von dessen Existenz schweigt (vgl. S. 67). Sseid Sades Verdacht, er habe es absichtlich vernichtet, entbehrt jeder biographischen Begründung und ist eine eines Gelehrten schlecht würdige Verleumdung.

Ob Bodenstedt auf Grund der Deklamationen Mirza Schaffys zu einer leidlich wortgetreuen Übersetzung imstande gewesen wäre, bleibt auch deshalb fraglich, weil er in der kurzen Spanne seines Aufenthalts in Tiflis kaum des Persischen (so Jenikolopow), aber sicher ebensowenig des Aserbeidschanischen mächtig genug werden konnte.

III. <u>Zu den Liedern Mirza Schaffys:</u>

Eine Edition der echten Lieder Mirza Schaffys ist von Sseid Sade seit langem versprochen. Bisher ist sie nicht erschienen. Vorläufig stehen nur drei Gruppen von Gedichten Mirza Schaffys zur Verfügung (die übrigens die aserbeidschanischen Autoren stilkritisch zu untersuchen bisher nicht versucht haben):

1. die von Bodenstedt veröffentlichten (die Sammlung in "Tausend und ein Tag im Orient" ist nicht völlig, aber fast identisch mit den später gesondert herausgegebenen "Liedern des Mirza Schaffy". Die im "Nachlaß" enthaltenen sind unbestritten Bodenstedts eigene Produkte.)

---

1) Sseid Sade wirft Bodenstedt vor, er müsse genau gewußt haben, daß der Vierzeiler "Mulla, rein ist der Wein" gar nicht von Mirza Schaffy selbst gestammt habe. Beweis dafür seien die Umstände, unter denen Mirza Schaffy ihn mit dieser Strophe bekannt gemacht habe. Der wirkliche Verfasser sei Fuzuli gewesen, den Bodenstedt gut gekannt habe. - Den gleichen Vorwurf erhebt mit noch ausführlicherer Begründung Rafili. Interessant ist nun aber, daß offenbar Sseid Sade selbst in einer Broschüre vom Jahre 1929 die Strophe noch nicht als von Fuzuli stammend erkannt hat. Dies jedenfalls stellt Rafili tadelnd fest. Er schreibt: "Aber der Fehler Sseid Sades bestand darin, daß er Bodenstedt wörtlich glaubte und sich nicht bemühte, festzustellen, wer der Autor dieses Vierzeilers war." (Rafili S. 81) Diesen 1929 begangenen Fehler korrigiert Sseid Sade allerdings 1969, aber er gesteht ihn nicht ein, erwähnt auch Rafili an dieser Stelle nicht. Dem deutschen Verfasser aber macht er einen Vorwurf wegen eines Irrtums, dem er ursprünglich selbst verfallen war.

2. Zwei von Bergé in seinem Aufsatz über Mirza Schaffy wiedergegebene,

3. Die von Rafili zitierten, von Lugowskij aus dem Aserbeidschanischen übersetzten Gedichte Mirza Schaffys, die vermutlich auf die kleine handschriftliche Sammlung Nadshis zurückgehen.

Bodenstedts "Lieder des Mirza Schaffy" werden von Jenikolopow in der Mehrheit als "anakreontisch" oder "bakchisch" gekennzeichnet. Rafili und Sseid Sade sehen in ihnen höhere, ja höchste Werte manifestiert. Die westliche Literaturwissenschaft, zunächst noch geblendet von der Vorstellung ihrer Echtheit, sah in ihnen vor allem das Erbe Hafis' und stellte sie auf eine Linie mit Goethes Nachdichtungen, Rückerts, Daumers, Platens und Schacks Übersetzungen. Schon vor der endgültigen Entschleierung schien ihr Heines Einfluß durchzuschimmern. Später rückten sie auf eine Ebene mit Scheffel und Geibel, deren Gedichte sich auch zahlenmäßig etwa der gleichen Verbreitung erfreuten. Nach der Zerstörung der Illusion durch Bodenstedt selbst sanken sie in der Wertung tiefer hinab, z. T. unverdient tief (wie in Fritz Mauthners Persiflage: "Ein arger Feind der persischen Priester ist er. Zu Hause nur ein trister Philister ist er.", zitiert nach Ludwig Fränkel). Nach Bodenstedts Tod traf wohl Ludwig Fränkels im allgemeinen gewogenes Urteil die gültige Auffassung: "Ein gutmütiges und gemütliches Epikureertum harmlosen Schlags breitet sich da in einschmeichelndster Form vor uns aus, das im ganzen Habitus an Horaz gemahnt, ja diesen in der völligen Abkehr von ernsten Tagesfragen noch übertrifft." - Eine stilgeschichtlich sorgfältige Analyse holte Sundermeyer 1930 nach.

Daß die "Lieder des Mirza Schaffy" nur äußere Anklänge (in der häufigen Form des Gasels und in einigen Motiven) an die orientalische Poesie enthalten, wird heute kaum noch bestritten werden. Ihre poetische Gestalt ist dem europäischen Leser nicht nur unmittelbar zugänglich, sie ist durchweg europäisch im Sinne der Mitte des 19. Jahrhunderts. Zahlreiche Wortspiele und Reime wären durch orientalische Analogien nicht zu belegen, ja sie würden dem Orientalen unverständlich bleiben. Echte Orientalismen fehlen. Der Stimmungsgehalt ist deutsch. Selbst die wenigen Gedichte, die sich durch Namen oder Anspielungen auf transkaukasische Begebenheiten orientalisch gaben, gehen höchstens in der äußeren Anknüpfung über das dem deutschen

Leser Vertraute hinaus.

Anders aber steht es mit den beiden durch Bergé übermittelten Gedichten, vor allem dem zweiten, längeren und den Übersetzungen Lugowskijs. Das zweite Gedicht bei Bergé ist durchtränkt von verschleierten Motiven, zu deren Aufhellung man des Orientalisten bedarf. Außerdem geht es an philosophischem Tiefsinn oder wenigstens philosophischem Anspruch weit hinaus auch über das anspruchsvollste Gedicht innerhalb der "Lieder des Mirza Schaffy". - Die Übertragungen Lugowskijs sind wesentlich schlichter, aber der elegisch liebende Dichter in ihnen ist ein Orientale und liebt orientalisch. Diese beiden Liedgruppen demselben Verfasser zuzuschreiben wäre durchaus nicht abwegig, diesen aber mit dem Dichter der "Lieder des Mirza Schaffy" zu identifizieren, ist völlig ausgeschlossen. Sollte der historische Mirza Schaffy die von Bergé und Rafili übermittelten Gedichte wirklich verfaßt haben (und es besteht mindestens kein direkter Grund, dies anzuweifeln), so wären sie das triftigste Gegenargument gegen die Ansprüche der aserbeidschanischen Literaturwissenschaft. Der stilanalytische Beweis wiegt in diesem Fall noch schwerer als alle historisch-biographischen Versuche, Mirza Schaffy von den Toten aufzuerwecken. Auf der anderen Seite ist die formale und inhaltliche Verwandtschaft der "Lieder des Mirza Schaffy" mit Bodenstedts dichterischem Gesamtwerk so eng, daß Rafilis Versuch, sie zu kontrastieren, als völlig abwegig verworfen werden muß. Die "Lieder des Mirza Schaffy" gehören ihrem Stil und ihrem Inhalt nach zu Bodenstedt. Es wäre poetisch und psychologisch unmöglich, sie durch einen gemeinsamen Nenner mit den beiden anderen Gedichtgruppen zu verknüpfen.

Selbst bei aller Nachsicht gegenüber dem verständlichen Wunsch eines kleinen, sich seiner literarischen Eigenstellung bewußt werdenden Volkes, einen neuen und dazu noch ideologisch angepaßten Klassiker den wenigen vorhandenen hinzuzufügen, muß angesichts des überwiegenden Tatsachenmaterials der traditionellen Auffassung Recht gegeben werden.

NACHTRAG

zu der Behauptung Sseid Sades, Bodenstedt habe einen Streit zwischen Mirza
Schaffy und dem Komödiendichter Achundow konstruiert.

Welch grotesker Verzerrungen ein Gelehrter fähig ist, der seine na-
tionale Gekränktheit bis zur persönlichen Feindschaft gegen einen deutschen
Schriftsteller des 19. Jahrhunderts anschwellen läßt, zeigt folgende Mißdeu-
tung eines Gedichts im "Nachlaß des Mirza Schaffy". Es trägt den Titel
"Feth-Ali" und hat folgenden Wortlaut:

>   Feth-Ali war ein Wunderknabe,
>   Begabt mit mancher seltenen Gabe,
>   So reif und fertig schon als Kind,
>   Wie andere kaum im Alter sind.
>   Nie macht er einen dummen Streich,
>   Blieb altklug ernst sich immer gleich,
>   Und da so früh sein Geist sich löste,
>   Erhoffte man von ihm das Größte.
>   Doch alles Hoffen war vergebens.
>   Feth-Ali blieb Zeit seines Lebens,
>   Bis man als Greis ihn trug zu Grabe,
>   Ein hoffnungsvoller Wunderknabe.
>
>   Mirza Schaffy sprach - auf die Frage,
>   Was er zu der Geschichte sage:
>   Man rühmt die jungen Wunderkinder,
>   Doch, altern sie, rühmt man sie minder.
>   Im Herbst kann keine Früchte tragen,
>   Was nicht im Frühling ausgeschlagen.
>   Nie wird ein Wunderkind auf Erden
>   Zu einem richtigen Manne werden.

Diese anspruchslosen Zeilen erregen Sseid Sades unerwartet heftigen
Ärger (S. 82; 274 - 279). Feth-Ali kann für den aserbeidschanischen Gelehrten niemand anders sein als der große Feth-Ali Achundow. Und wenn diese
Gleichsetzung stimmt, dann muß dem Gedicht natürlich eine boshafte Tendenz
innewohnen. Dann entwirft Bodenstedt selbst also in den ersten zwölf Zeilen
ein geringschätziges Bild des großen Klassikers (den er allerdings schon tot
wähnen muß - in Wirklichkeit starb Achundow erst drei Jahre nach der Veröffentlichung des Gedichts). Nun, diese Ungehörigkeit hätte Sseid Sade vielleicht noch hinnehmen können. Viel übler rechnet er es Bodenstedt an, daß
er in den letzten Zeilen auch noch Mirza Schaffy zu Worte kommen läßt,

Mirza Schaffy, der schon 1852 gestorben war, 26 Jahre vor Achundow, und der sich nun also über den toten Achundow äußert. Und wie? Er pflichtet Bodenstedts niederträchtiger Verzeichnung bei. Er nimmt zwar den Namen Feth-Ali nicht noch einmal in den Mund (das verschweigt Sseid Sade). Er ergeht sich in reichlich unzusammenhängenden Gemeinplätzen. Aber immerhin genügt es Sseid Sade, hierin einen - von Bodenstedt erfundenen Affront Mirza Schaffys gegen Achundow zu entdecken.

In einem früheren Stadium hatten Sseid Sade und nach ihm auch Rafili dieses Gedicht als Ausdruck einer tatsächlich stattgefundenen späteren Verstimmung zwischen den beiden großen aserbeidschanischen Klassikern ernstgenommen. Später aber ist Sseid Sade zu der Einsicht gelangt, daß es sich nur um eine bodenstedtische Verunglimpfung handele (um die "Taktik einer vorsätzlichen Diskriminierung", S. 275). Schon daß der deutsche Literat die Teilnahme Achundows an den Sitzungen des "Diwans der Weisheit" verschwiegen hatte (in "Tausend und ein Tag"), kündigte die spätere Herabsetzung an. Als aber Achundows "unsterbliche" Komödien um 1870 in mehrere westeuropäische Sprachen übersetzt und sein Ruhm sich in ganz Westeuropa ausgebreitet hatte, habe dieser Ruhm Bodenstedt allzu sehr zu schaffen gemacht, er habe Achundow zu schaden versucht und deshalb einen häßlichen Streit zwischen Mirza Schaffy und Achundow konstruiert ("bitter ausgemalte Beziehungen der Feindschaft", S. 274). Und was habe er sich von diesem Angriff versprochen? Wörtlich äußert Sseid Sade, der deutsche Schriftsteller habe den großen Aserbeidschanen zum Schweigen veranlassen wollen (S. 279). Allerdings habe er dann wenigstens von der zweiten Auflage des Nachlasses an, offenbar aus einer gewissen Scheu, die Wahrheit könne doch noch durch Achundow selbst zu Tage befördert und er damit als Lügner bloßgestellt werden, das boshafte Gedicht wieder fortgelassen. - In Wirklichkeit sei Achundow bis an sein Lebensende Mirza Schaffy herzlich zugetan geblieben. Dies schließt der aserbeidschanische Gelehrte aus einer Äußerung Achundows, die der im Rahmen einer Kritik an der unzulänglichen Qualität der Ausgabe seiner Komödien vom Jahre 1853 getan habe, bei der er aber die von der russischen Reg i erung selbst veranstalteten Leitfäden und Sammlungen (im Plural) lobend ausnimmt. Diese Ausnahme könne sich - so Sseid Sade - nur auf die von

Mirza Schaffy veranstaltete Chrestomathie (dies allerdings nur im Singular) beziehen. Und schließlich habe ja selbst Bergé 1870 Achundow als Beschützer Mirza Schaffys herausgestellt (S. 276). Direktere Äußerungen Achundows über Mirza Schaffy teilt der Verfasser leider nicht mit.

<u>Kritische Bemerkungen zu dieser Darstellung:</u>

1. Dem aserbeidschanischen Gelehrten ist zunächst ein historischer Fehler unterlaufen. Das Gedicht steht noch nicht in der 1. Auflage des "Nachlasses" (1874), sondern erst in der 2. (von 1875), und es ist von Bodenstedt nie wieder gestrichen worden, sondern erscheint in allen folgenden Ausgaben. Damit entfallen auch die daraus gezogenen Schlüsse.

2. Daß AchundowsKomödien um 1870 in mehrere westeuropäische Sprachen übersetzt und sein Ruhm ganz Westeuropa durchdrungen habe, ist eine Übertreibung. Lediglich zwei seiner Komödien sind ins Französische übersetzt worden. Von einer allgemeinen Verbreitung seines Ruhms nach dem Westen kann gar keine Rede sein. Und diese Situation hat sich nicht einmal bis heute verändert.

3. Von Abneigung oder gar von Haß Bodenstedts gegen Achundow ist in Bodenstedts gesamtem Werk keine Spur zu finden. Er erwähnt Achundow nur ein einziges Mal (im 2. Band von "Tausend und ein Tag") und dort ohne Spur von Neid oder Tadel - in der Art, wie man anerkannte Schriftsteller zu zitieren pflegt.[1] Und Bergé, den Sseid Sade sonst in das angebliche Komplott gegen Mirza Schaffy einzureihen pflegt, würdigt ihn besonders ausführlich in seinen "Dichtungen transkaukasischer Sänger" (1868) und stellt 1870 anerkennend fest, Achundow habe Mirza Schaffy im Jahre 1840 als seinen Nachfolger an die Kreisschule in Tiflis berufen lassen.

---

1) Diese offenbar einzige Nennung Achundows bei Bodenstedt habe ich in der Auflage von 1865 innerhalb eines Kapitels über die "Frauen im Orient" gefunden. Sie lautet wörtlich: "Freilich läßt der tatarische Lustspieldichter Mirza Feth-Ali-Achundow in Tiflis einen seiner Helden sagen: die Vielweiberei, wie sie bei ihnen herrsche, sei nicht schlimmer, als die Vielmännerei bei den Franzosen: Die Vielweiberei bedeutet, daß ein Mann an einer Frau nicht genug hat, und die Vielmännerei bedeutet, daß eine Frau sich nicht mit einem Manne begnügt. Die erstere Sitte herrscht bei uns, und die letztere herrscht in Paris. " (Bd. 2., S. 174) - Ob diese Bemerkung schon in der 1. Auflage von 1849/50 stand, habe ich nicht nachgeprüft. Bei Boden-

4. Ob Bodenstedt bei dem Gedichttitel "Feth-Ali" überhaupt den aserbeidschanischen Dichter im Auge hatte, ist aus folgenden Gründen sehr fraglich:

a) Achundow lebte bei der Abfassung des Gedichtes noch. Er starb erst
1878, also 3 Jahre nach Erscheinen der 2. Auflage des "Nachlasses". Bodenstedt aber nennt seinen Feth-Ali einen "Greis", den man zu Grabe getragen
habe. Bei allen deutschen Lesern, die überhaupt eine Vorstellung mit dem
Namen Feth-Ali hätten verbinden können, d.h. bei den wenigen Orientalisten,
hätte er sich durch seinen Anachronismus lächerlich gemacht. Gerade aber
sie hätten bei dem Vornamen Feth-Ali überhaupt nicht an den noch lebenden
Achundow gedacht. Außerdem konnte er ohnehin kaum damit rechnen, daß sein
Gedicht je in Aserbeidschan gelesen würde. Selbst Sseid Sade gesteht zu, daß
sich nicht einmal in der Bibliothek Achundows ein Buch Bodenstedts gefunden habe.

b) Die Charakteristik Feth-Alis als eines "Wunderknaben" paßt überhaupt nicht auf Achundow, dessen poetische Entwicklung einen ganz normalen
Verlauf genommen hat. Das Schwergewicht seines Schaffens lag in seinen mitt-
leren Lebensjahren. Als Bodenstedt in Tiflis weilte, konnte von der Dichtung
Achundows kaum etwas bekannt, von einem frühreifen Achundow nicht die Rede sein. Wie lächerlich hätte sich Bodenstedt bei Achundows Landsleuten gemacht, wenn er den aserbeidschanischen Dichter mit einer so ungeeigneten
Waffe hätte angreifen wollen!

c) Bodenstedt hat den "Nachlaß" für deutsche oder höchstens westeuropäische Leser geschrieben. Warum sollte er an einer den Aserbeidschanen
so gut wie unzugänglichen Stelle einem aserbeidschanischen Komödiendichter

---

stedts Aufenthalt in Tiflis war Achundow 31 - 33 Jahre alt, bei dem ersten
Erscheinen von "Tausend und ein Tag" also 37 - 39 Jahre. Ob er damals schon
als Komödiendichter bekannt war, entzieht sich meiner Kenntnis. 1865 jedenfalls hat Bodenstedt ihn als solchen gekannt und gelesen (ob auf französisch
oder aserbeidschanisch?). Bergé nimmt ihn 1868 in seine "Dichtungen transkaukasischer Sänger" auf und erwähnt ihn wieder 1870 in seinem Aufsatz in
der "Zeitschrift der deutschen morgenländischen Gesellschaft". - Sseid Sade
verlegt den Gipfel der Berühmtheit Achundows in die Zeit um 1870.

eins haben auswischen und ihn zum Schweigen verurteilen wollen! Hätte Achundow, der hoffentlich mehr Sinn für Humor hatte als Sseid Sade, je diese Verse zu Gesicht bekommen, wie hätte er anders reagieren können als mit der Bemerkung: Sieh da, mein Vorname! Welch zufällige Koinzidenz! - Der Verdacht, daß er persönlich hätte getroffen werden sollen, hätte ihn gar nicht beunruhigen können, da ja von einem Toten die Rede war und da die unzutreffende Charakteristik eines frühreifen Wunderknaben ihn keineswegs hätte verletzen können. Und selbst angenommen, all dies träfe auf ihn zu, hätte der Aserbeidschane sich wohl durch eine so unsinnige Zumutung eines fernen Deutschen veranlaßt gesehen, seinen dichterischen Auftrag an seine Landsleute einzustellen?!

Was liegt näher, als daß der für deutsche Leser schreibende Bodenstedt einen ihm gerade einfallenden orientalischen Namen wählte, möglicherweise sogar, um irgendeinen eben verstorbenen, anfangs hoffnungsvollen, später enttäuschenden deutschen Dichter zu treffen!

5. Wie kann ein unvoreingenommener Leser überhaupt auf den Gedanken verfallen, als habe Bodenstedt im zweiten Teil des Gedichts eine Feindschaft zwischen Mirza Schaffy und Achundow konstruieren wollen? Gewiß, Mirza Schaffy selbst wird zitiert, wegen der ersten Gedichthälfte um seine Meinung gefragt, und er stimmt deren Gedankengang zu (warum zählt übrigens Sseid Sade in der ersten Hälfte nur 8 statt 12 Zeilen? Ist ihm die Anspielung auf den Tod des Wunderkindes zu unbequem, weil sich der lebendige Achundow dadurch umso weniger verletzt fühlen konnte?). Aber Mirza Schaffy wiederholt gar nicht den Namen Feth-Ali, er ergeht sich nur ganz allgemein über Wunderkinder im Plural und fügt dann ohne strenge Ordnung einige nur lose zum Thema passende Sentenzen hinzu. Wer darauf die Konstruktion einer doppelten Feindschaft aufbauen will, einer zwischen Bodenstedt und Achundow und einer anderen zwischen Mirza Schaffy und Achundow, muß geradezu geblendet sein durch eine dritte Feindschaft, nämlich die eines jetzigen orientalischen Gelehrten gegen einen toten deutschen Schriftsteller, der wahrlich weder ihm noch Mirza Schaffy noch Achundow das geringste angetan hat, der Mirza Schaffy liebte, Achundow anerkannte und sich gegen den noch ungeborenen Sseid Sade noch nicht verteidigen, nicht einmal Mitleid mit ihm hegen konnte.

Wann soll sich denn überhaupt der längst verstorbene Mirza Schaffy je
über Achundow, der ihn um 26 Jahre überlebte, wie über einen vor ihm verstorbenen so abträglich geäußert haben!

6. Sseid Sade hatte früher einmal nachweisen müssen, daß leider gar keine
späteren Aussagen Achundows über Mirza Schaffy auffindbar seien. Um nun
aber seinem Gegenangriff gegen die angeblich von Bodenstedt erfundenen
Spannungen zwischen Mirza Schaffy und Achundow lebhaftere Farben zu verleihen, beruft er sich auf ein einziges lobendes Urteil Achundows über Mirza
Schaffy ("eine sehr achtungsvolle Äußerung"), das deren ungetrübt fortdauern-
de Freundschaft bezeugen soll. Welches Material steht ihm dazu zur Verfügung? Ach, nur jene Zuschrift an den Kanzleidirektor des russischen Stadt-
halters in Tiflis, in der Achundow über die schlechte Qualität der vorhandenen Ausgaben seiner Komödien in aserbeidschanischer Sprache klagt und nur
ganz nebenbei der Regierung das Kompliment macht, diese Kritik beziehe
sich nicht auf die Leitfäden und Chrestomathien, die im Auftrag der Regierung
durch "führende Leute" herausgegeben seien. Und mit dieser Ausnahme kann
laut Sseid Sade nur Mirza Schaffy gemeint sein - trotz des wenig passenden
Plurals. - Diese kleine positive Einschränkung innerhalb eines sonst negativen Rahmens ist alles, was der so fleißige Sseid Sade an Urteilen Achundows
über Mirza Schaffy auftreiben konnte! Wer so wenige und dazu noch so indirekte Quellen ausgraben kann, ist wahrlich zu bedauern.[1]

---

1) Welches Rufs sich Achundow um 1870 in Westeuropa erfreute, geht aus folgenden Daten hervor:
1882 wurde sein "Wesir von Lenkoran" zum erstenmal in England veröffentlicht und übersetzt.
1886 erschien sein "Alchimist" in französischer Übersetzung in der orientali-
stischen Zeitschrift "Journal Asiatique", im gleichen Jahr im englischen "Journal of the Royal Asiatic Society".
1889 gab die Orientalische Akademie in Wien eine weitere Komödie Achundows
mit deutscher Übersetzung heraus.
Schließlich hat Reclams Universalbibliothek den "Vezier von Lenkoran" unter
der Nummer 3064 (um 1900?) zum erstenmal einem weiteren Publikum zugänglich gemacht, (Diese Angaben verdanke ich einer Lütticher Ausgabe und
Übersetzung des "Geizigen" durch Professor A. Bricteux, erschienen 1934 in
Paris.
Um 1870 war also nicht eine einzige Komödie Achundows in ganz Westeuropa
bekannt. In den Achtziger Jahren erfuhren die Orientalisten zum erstenmal
etwas von den Werken des aserbeidschanischen Dichters. Sseid Sade aber will
glauben machen, daß Bodenstedt schon 1875 sein beleidigendes Gedicht gegen
Achundow aus Mißmut über die wachsende Berühmtheit Achundows geschrieben habe!

BIOGRAPHISCHE DATEN

I. Friedrich (von) <u>Bodenstedt</u>:

    geb. 1819 in Peine (bei Hannover)
    1840 - 1843 in Moskau
    Nov. 1843 - April 1845 in Transkaukasien
                          (hauptsächlich in Tiflis)

    1854 - 1866 Professor in München
    1866 - 1870 Intendant der Hofbühne in Meiningen
    1870 - 1892 Wiesbaden
    gest. 1892 in Wiesbaden

II. Mirza <u>Schaffy</u>:

    geb. (wahrscheinlich) 1794 (so laut Sseid Sade) in Gandscha
    1834 Bekanntschaft mit Achundow in Gandscha
    1840 - 1846 Lehrer an der Kreisschule in Tiflis
    1846 - 1850 Lehrer an der Kreisschule in Gandscha
    1850 - 1852 Lehrer am Adligen Gymnasium in Tiflis
    gest. 1852 in Tiflis

III. Transkaukasische Zeitgenossen Mirza Schaffys:

    Abbas-kuli <u>Bakichanow</u>, Schriftsteller in Tiflis
    1794 - 1847

    Mirza <u>Mechti</u> "Nadshi", Dichter in Gandscha
    1804 - 1881

    Mirza Feth-Ali <u>Achundow</u>, aserbeidschanischer Lustspiel-
    1812 - 1878   dichter

    Molla Achmed <u>Hussein Sade</u> ("Ssaljanin"), Scheich-ul-islam,
    1812 - 1887   Aufseher der Schulen in Tiflis

IV. Wichtigste Daten zur Geschichte der "Lieder des Mirza Schaffy"

    Erste Erwähnung Mirza Schaffys in Bodenstedts
        "<u>Tausend und ein Tag im Orient</u>"
        1849/50, 1. Aufl.

    Gesonderte Ausgabe der "<u>Lieder des Mirza Schaffy</u>"
        1851, 1. Aufl.

    Klage über Unbekanntheit Mirza Schaffys in Tiflis durch
        den Ägyptologen Hermann <u>Brugsch</u>
        (dessen Aufenthalt in Tiflis 1860)

    Artikel des Russischen Staatsrates Adolf <u>Bergé</u>
        in der "Zeitschrift der deutschen morgenländischen
        Gesellschaft", 1870

Erstes Geständnis der Unechtheit der "Lieder des
    Mirza Schaffy" durch Bodenstedt in:
    "Aus dem Nachlaß des Mirza Schaffy", 1874, 1. Aufl.

Festrede Bodenstedts in Pressburg zu seinem
    70. Geburtstag, 1889

QUELLEN UND WICHTIGSTE SEKUNDÄRLITERATUR

(chronologisch geordnet)
- weitere Literatur siehe im Text -

Deutschsprachige Literatur:

1849/50	Friedrich Bodenstedt,	"Tausend und ein Tag im Orient" I - III 1. Aufl. Berlin 1849/50
1851	Friedrich Bodenstedt,	"Die Lieder des Mirza Schaffy" 1. Aufl. Berlin 1851
1862	Heinrich Brugsch,	"Reise der Königl. Preussischen Gesandt- schaft nach Persien 1860/61", I. Band, Leipzig 1862
1868	Adolf Bergé,	"Dichtungen transkaukasischer Sänger des XVIII. und XIX. Jahrhunderts in aserbeid- schanischer Mundart" (Vorwort deutsch, Text aserbeidschanisch), Leipzig 1868
1870	Adolf Bergé,	"Mirza Schaffy" in: "Zeitschrift der deut- schen morgenländischen Gesellschaft", Bd. 24, Leipzig 1870, S. 425 - 432
1874	Friedrich Bodenstedt,	"Aus dem Nachlaß des Mirza Schaffy", 1. Aufl. Berlin 1874
1888	Friedrich Bodenstedt,	"Erinnerungen aus meinem Leben" I - II. Berlin 1888
1892	Johannes Proelß,	"Das Urbild des Mirza Schaffy" (Festrede Friedrich Bodenstedts in Pressburg zu seinem 70. Geburtstag 1889) in: "Vom Fels zum Meer" 1892, 2
1903	Ludwig Fränkel,	"Friedrich Bodenstedt" in: "Allgemeine deutsche Biographie", Bd. 47 (1903)
1930	Kurt Sundermeyer,	"Friedrich Bodenstedt und die Lieder des Mirza Schaffy" (Kieler Doktordisseratation 1930)

Aserbeidschanische Literatur:

1903	Firidun Kotscharli,	"Literatura aderbeidžanskich tatar" (russisch) (= Literatur der aserbeidschanischen Ta- taren), Tiflis 1903
1925	Firidun Kotscharli,	"Materialy k istorii azerbeidžanskoj lite- ratury" (aserbeidschanisch, nicht benutzt) (= Materialien zur Geschichte der aserbeid- schanischen Literatur), 1925

1926 Sselman Askerow Mumtas (Mümtaz),
         "Mirsa Šefi Vazeh" (aserbeidschanisch,
         nicht benutzt), Baku 1926

1938 I.K. Jenikolopow, "Poet Mirsa Schafi", Biographie und Werke,
         (russisch), Baku 1938

1940 A.A. Sseid Sade, "Mirsa Schafi ili Bodenstedt" (russisch)
         (= Mirsa Schafi oder Bodenstedt), Baku 1940
         (gleichzeitig auf aserbeidschanisch erschie-
         nen: "Mirsa Sefi ile Bodenstedt" (= Mirza
         Schafi und Bodenstedt)

1959 Mikael Rafili, "Mirsa Schafi v mirovoj literature" (rus-
         sisch)
         (= Mirsa Schafi in der Weltliteratur),
         Baku 1959

1969 A.A. Sseid Sade, "Mirsa Schafi Vasech" (russisch), Baku 1969
         (Dazu eine aserbeidschanische Parallel-
         ausgabe)

REGISTER

(o = oben, M = Mitte, u = unten, F = Fußnote)

ABBA Mirza, Persischer Thronfolger, bei Jenikolopow erwähnt, 63 u

Hadschi (Chadschi) ABDULLA, Kaufmann und Philosoph in Gandscha
(gest. 1831), Einfluß auf Mirza Schaffy, 12 o, 37 u

Chatschatur ABOWIAN (bei Bodenstedt teilweise Obowian geschrieben), 1809-48
armenischer Gelehrter, Führer Parrots bei der ersten Ararat-Er-
steigung, Freund Bodenstedts,
Bodenstedt über ihn 35 u, 66 F 1,
Jenikolopow über ihn 62 u, 65-67, 86 o
Sseid Sade und Rafili über ihn 66 M, 67 M

Achund Mulla-ACHMED (= Molla Achmed HUSSEIN-SADE) "SSALJANIN",
Scheich ul-islam in Tiflis, 1812-1887, Aufseher der Schulen in
Tiflis,
Hauptgewährsmann Bergés 12 u, 83 o
Beurteilung durch Sseid Sade 30 u, 47 M
durch Jenikolopow 62 u, 63 o

Mirza Feth-Ali ACHUNDOW (auch Fatali, aserb. Ahundsade), 1812-1878
aserb. Komödiendichter,
verschafft Mirza Schaffy eine Lehrerstelle in Tiflis 12 M
von Bergé in Sammlung aserb. Dichter aufgenommen 13 M
Einfluß Mirza Schaffys auf ihn 24 M, 26 o, 46 o
Freund Bergés und Mirza Schaffys 45 o, 46 o
Einzige Nennung bei Bodenstedt 91 F 1
bei Sseid Sade:
als Mitglied des "Diwans der Weisheit" 34 u, 35 o, 47/48
als Verfechter der Lehre von den Vier Elementen, später
der chemischen Elemente 39 u
batinistisch klingende Äußerungen 40 u, 41 o
als Philosoph neben Bakichanow, Nasech u. Nadshi 41 M
Achund Mulla Achmed als Freund Achundows 47 M
als Quelle für Mirza Schaffy 47-48
Tagebuch-Text Achundows über Mirza Schaffy 48-50
angebliche Verstimmung zwischen A. und Mirza Schaffy
43 u, 48, 89-94
Kotscharli über Achundow 57 M, 59 M, 60 u
Jenikolopow über das Notizbuch Achundows 62 M, 83 u
Rafili über Achundow 81 u, 82
Mejlman über Achundow 59 F 1
in Westeuropa erschienene Ausgaben und Übersetzungen
Achundows 94 F 1

Mirza Mustafa ACHUNDOW, gest. 1909
    nach Sseid Sade entfernter Verwandter Feth-Ali-Achundows 48 u
    nach Jenikolopow ein Enkel dessen 62 M

Abdussalam ACHUNDSADE, Scheich ul-islam um 1890 (lt. Kotscharli),
    beeinflußt von Gasprinslij 58 u

Abduragim ACHWERDOW, aserb. Dichter, 2. Hälfte des 19. Jahrh.
    (lt. Mejlman) 59 F 1

Hadschi (Chadschi) AGHASSI, persischer Großvesier,
    (bei Bodenstedt, zitiert von Rafili) 75 u

Ernst ALKER, Verfasser von "Die deutsche Literatur im 19. Jahrh." 1961
    Abfälliges Urteil über Bodenstedt 19 F 1

Hadschi (Chadschi) Sseid-ASIM, aserb. Dichter, Mitte des 19. Jahrh.,
    nach Kotscharli 60 M

Sselman (oder Ssalman) ASKEROW "MUMTAS" (oder Mümtaz), aserb. Litera-
    turwissenschaftler (s. Literaturverzeichnis)
    bei Caferoğlu erwähnt 25 u, 57 M
    bei Jenikolopow 62 o, bei Rafili 70 u, 71 u
    bei Sseid Sade 46 M

BAGIF (Bakif), s. VAGIF

Abbas Kuli-aga (oder Kuli-chan) BAKICHANOW, aserb. Dichter und Philosoph
    1794-1847,
    "Idealist" (Gr. Sowjetenzyklopädie) 24 M, 41 M
    Gast in Mirza Schaffys "Diwan der Weisheit" lt. Bodenstedt 36 M
    Sseid Sade über ihn 34, 37 u

Diethelm BALKE, Urteil über Bodenstedt im "Reallexikon der dt. Literatur-
    geschichte" Bd. II, 1965, 19 F 1

Adolf BERGÉ, Russischer Staatsrat, Präsident der Archäologischen Kom-
    mission in Tiflis.
    Mitteilungen über Mirza Schaffy in der "Zeitschrift der dt. morgen-
        ländischen Gesellschaft" 12-13, 46 u, 56 o, 83 o
    "Dichtungen transkaukasischer Sänger" 13, 58 M, 91 u
    Bodenstedt persönlich unbekannt 17 M, 69 o, 85 M
    bei Bergé zitierte Gedichte Mirza Schaffys 56/57, 65 o, 75 M,
        87 o, 88
    Sseid Sade über Bergé: 28 u, 30 u, 53 M, 53 F 1 u.a.
        Bergé stellt Mirza Schaffy als Pantheisten hin 37, 38 o
        B. nennt Mirza Schaffy in seiner Sammlung absichtlich nicht 44 u
    Jenikolopow über Bergé 62 u

E.Ä. BERTELJS, russischer Orientalist,
      Verfasser von "Nisami und Fusuli" 1926
      weist nach, daß Nisamis Mutter Kurdin war 26 F 1

Friedrich (von) BODENSTEDT, passim

BROCKHAUS,"Conversationslexikon" 1853, über Mirza Schaffy 14 F 1

Heinrich BRUGSCH, Ägyptologe und Orientalist, 1827-1894
      sucht Mirza Schaffys Spuren in Tiflis 13 , 21 o
      Sseid Sade über ihn 30 u, 53 M
      Jenikolopow über ihn 69 o

Paul BÜRDE, deutscher Porträtmaler, 1819-1874
      zeichnet Mirza Schaffy 55 F 1

Ahmed CAFEROĞLU, türkischer Literaturwissenschaftler in Stambul,
      Artikel in "Philologiae Turcicae Fundamenta" über aserbeidsch.
      Literatur 25f, 32 M, 59 M

Georg Friedrich DAUMER, 1800-1875, Schriftsteller und Orientalist,
      im Zusammenhang mit Rückert und Platen genannt 18 M, 87 M

Wilhelm von DÖNNIGES, 1814-1872, Historiker, veranlaßt Berufung
      Bodenstedts nach München 18 M

Scheich DSHEMAL, geb. 1858, Panislamist,
      angeblicher Briefwechsel mit Mirza Schaffy 38 o

EMPEDOKLES, griechischer vorsokratischer Philosoph,
      Mirza Schaffy laut Sseid Sade Empedokleist 39-40

Annelore ENGEL-BRAUNSCHMIDT, Dissertation über Anthologie der
      deutschen Dichtung, St. Petersburg 1877, 73 F 1

Friedrich ENGELS, Mitarbeiter von Karl Marx,
      Urteil über Bodenstedt 72 u

Philipp FALLMERAYER, 1790-1861, Historiker und Orientalist,
      Kritische Frage an Bodenstedt 11 F 1

Ludwig FRÄNKEL, dt. Literaturwissenschaftler,
      Artikel über Bodenstedt in der "Allgemeinen deutschen Biographie"
      67 u, 74 M, 78, 84 M, 85 o, 87 M

Muhammad FUSULI (oder Fizuli, aserb. Füzuli), gest. 1556,
    türkisch-aserbeidschanischer Klassiker, 26 M, 59 F 1, 74 u
    sein Gedicht "Molla, rein ist der Wein" von Bodenstedt fälschlich
    Mirza Schaffy zugeschrieben 86 o, 86 F 1,
    Rafilis diesbezügliche Kritik an Sseid Sade 86 F 1

Molla-Hussein Efendi GAÏBOW, Mufti, Vf. einer handschriftl. Sammlung
    aserbeidschanischer Dichter, 45 M

J.B. GASPRINSKIJ, krimtatarischer, pantürkischer Reformer und Pädagoge
    Einfluß auf aserb. Dichtung (lt. Kotscharli) gegen Ende des
    19. Jahrh. 58 u, 60 M

Emanuel GEIBEL, 1815-1884, deutscher Dichter,
    Urteil über Bodenstedt 18 M
    gleicher Bucherfolg wie Bodenstedt 87 M

N. V. GERBELJ, Herausgeber einer deutschen Anthologie in russischer
    Sprache (darin auch Bodenstedt) 73 F 1

Nikolaj GOGOLJ, 1809-1852, russischer Schriftsteller,
    ins Aserbeidschanische übersetzt 58 u

Johann Wolfgang von GOETHE,
    Nachdichtungen nach dem Persischen 18 M, 87 M
    durch Bodenstedt Mirza Schaffy nahegebracht 36 u

Alexander S. GRIBOJEDOW, 1795-1828, russischer Dichter, in Tiflis,
    mit Bakichanow bekannt (Gr. Sowjetenzyklopädie) 24 M

J.J. GRIGORJEW, russischer Schulinspektor in Tiflis,
    mit Mirza Schaffy Herausgeber einer aserbeidsch. Anthologie
    30 o, 40 M, 53 F 1,
    lt. Sseid Sade zum "Diwan der Weisheit" gehörig 35 M

G.E. von GRUNEBAUM, Verfasser von "Der Islam im Mittelalter"
    über den Batinismus 41 F 1

HAFIS, persischer Dichter (um 1327-1390),
    von Bodenstedt übersetzt 20 M
    Mirza Schaffy in seinen Geleisen 87 M

Freiherr Friedrich von HAXTHAUSEN, 1792-1866, Kaukasusreisender,
    Zwei Bände "Transkaukasia", von Abowian begleitet,
    Jenikolopow über ihn 65 u

Heinrich HEINE, deutscher Dichter,
       durch Bodenstedt Mirza Schaffy nahegebracht 36 u
       Markow stellt Bodenstedt auf eine Stufe mit Heine 72 u, 73 o

HERAKLIT von Ephesus, griechischer Philosoph,
       Sseid Sade hält ihn für Vorläufer Mirza Schaffys 39

Paul HEYSE, 1830-1914, deutscher Schriftsteller,
       Urteil über Bodenstedt 18 o

I. K. JENIKOLOPOW, aserb. Literaturforscher in Tiflis,
       Monographie über Mirza Schaffy (s. Literaturverzeichnis),
       erwähnt bei Caferoğlu 25 u
       über Mirza Schaffy 53 F 1, 61-70, 83-84
       Sseid Sade über Jenikolopow 51-52, 64 F 1, 70 o

Dr. Samuel JOHNSON, 1709-1784, englischer Schriftsteller,
       bestreitet die Echtheit der Ossianschen Gesänge Macphersons 18 o

Chadschi JUSSUF Kane, Mitglied des "Diwans der Weisheit" (so Sseid Sade) 35 M

Mirza JUSSUF "VIDADI", der "Weise von Bagdad"
       lt. Bodenstedt Rivale Mirza Schaffys 28 u, 77 M
       Einordnung durch Sseid Sade 28 u, 35 M, 45 M

Friedrich Gottlieb KLOPSTOCK, deutscher Dichter,
       Verwechslung mit dem Botaniker Karl Koch 51 u, 52 o, 61 M

Karl KOCH, 1809-1879, deutscher Botaniker, Kaukasusreisender,
       Verwechslung mit Klopstock 52 o, 61 M

Robert KÖNIG, 1828-1900, Verfasser einer "Deutschen Literaturgeschichte",
       1895, zitiert Bodenstedts Aufsatz in der Zeitschrift "Daheim" 18 F 1

Firidun KOTSCHARLI (russisch: Kotscharlinskij), aserb. Literaturwissen-
       schaftler und Übersetzer, Vf. der ersten aserb. Literaturgeschichte
       (1903), übersetzt Schopenhauer ins Aserbeischanische 59 o
       Äußerungen über Mirza Schaffy 57 M, 58-61, 62 M
       Sseid Sade über ihn 38 o, 45 u, 46 o, 61

Iwan A. KRYLOW, 1768-1844, russischer Fabeldichter,
       ins Aserbeidschanische übersetzt 32 u, 58 u

A. E. KRYMSKIJ, 1870-1941, russischer Literaturwissenschaftler,
       Turkologe, erwähnt Mirza Schaffy im Sinne Bodenstedts 50 M, 69 u

Ismailbek KUTKASCHENSKIJ, 1806-1861, aserb. Dichter,
       von Mejlman erwähnt 59 F 1

Michail J. LERMONTOW, 1814-1841, russischer Dichter,
    lt. Caferoǧlu Schüler Mirza Schaffys 25 o
    ins Aserbeidschanische übersetzt 32 u, 58 u
    von Bodenstedt ins Deutsche übersetzt 73 F 1

V. LUGOWSKIJ, Übersetzung aserbeidschanischer Gedichte Mirza Schaffys
    ins Russische (lt. Rafili) 62 M, 71 u, 87 o, 88 o
    Texte der Übersetzungen 80-81

James MACPHERSON, 1736-1796, schottischer Dichter,
    seine Ossianischen Gesänge eine Parallele zu den Liedern des
    Mirza Schaffy 18 o

Dshalil MAMEDKULISADE, aserbeidschanischer Dichter um 1900,
    bei Mejlman aufgeführt 59 F 1

MAMEZEW, georgischer Gelehrter, Vf. einer Geschichte des Chanats
    Karabagh 36 o

V. V. MARKOW, russischer Übersetzer, übersetzt Bodenstedt, 73 F 1
    vergleicht Bodenstedt mit Heinrich Heine 72 u, 73 o

N. J. MARR, 1875-1935, russischer Sprachforscher, Kaukasiologe,
    erwähnt "Mirza-Schaffy-Bodenstedt" 51 M

Karl MARX, Polemik gegen Bodenstedt 29 u, 43 M

Fritz MAUTHNER, 1849-1923, Philosoph, Literaturwissenschaftler,
    Persiflage auf Bodenstedt 87 M

König MAXIMILIAN VON BAYERN, 1811-1864,
    beruft Bodenstedt als Professor nach München 20 u

Mirza MECHTI "NADSHI", 1804-1881, aserb. Dichter in Gandsha,
    Leiter des "Diwans der Weisheit" nach Mirza Schaffy
        (lt. Sseid Sade) 33-34, 41 M
    weist "indirekt" auf Mirza Schaffy hin 47
    Kleine Sammlung Mechtis enthält 5 Gedichte Mirza Schaffys
        (lt. Jenikolopow) 62 M 83 u

M. N. MEJLMAN, Vf. eines Leitfadens der aserb. Literatur in russischer
    Sprache 59 M, 59 F 1, 84 M

Richard M. MEYER, deutscher Literaturwissenschaftler,
    Vf. von "Die deutsche Literatur des 19. Jahrh." 1899,
    Urteil über Bodenstedt 19 o, 79 F 1

Ali MOHAMMED, 1812-1852, Begründer des Babinismus, 38 M

A. MÜLLER, russischer Orientalist,
    Erwähnung Mirza Schaffys im Sinne Bodenstedts 69 u

MUMTAS (=Mümtaz), s. Sselman ASKEROW Mumtas.

NADSHI, s. Mirza MECHTI "Nadshi"

I. Sch. NASECH, aserbeidschanischer Schriftsteller,
    lt. Sseid Sade zum "Diwan der Weisheit" gehörig 34, 41 M

Mir-Mochsin NAVVAB, Sammler von Werken karabaghischer Dichter, 1913,
    erwähnt Mirza Schaffy nur beiläufig 46 M

NISAMI, 1141-1202, persischer Epiker, wie Mirza Schaffy aus Gandsha,
    schreibt persisch, nicht aserbeidschanisch 12 u, 26 M
    bei Mejlman unter die aserbeidschanischen Dichter eingereiht 59 F 1

Sseid NISSA, Witwe Mirza Schaffys in Gandsha 64 F 1

OMAR CHAJJAM, persischer Mathematiker und Dichter, gest. 1121,
    von Bodenstedt übersetzt 20 u
    Mirza Schaffys Lieder im Geiste Omar Chajjams 54 M

S.M. ORUDSHEW, aserbeidschanischer Gelehrter,
    Aufsatz über die Weltanschauung Mirza Schaffys 52 o, 58 o

Friedrich PARROT, 1791-1841, Rektor der Universität Dorpat,
    Erstersteiger des Ararat, von Abowian begleitet 65 u

Graf August PLATEN, 1796-1835, deutscher Dichter,
    Übersetzung orientalischer Lyrik 18 M, 87 M

Johannes PROELSS, deutscher Dichter und Schriftsteller (s. Literaturver-
    zeichnis), Aufsatz "Das Urbild des Mirza Schaffy" in der Zeit-
    schrift "Vom Fels zum Meer" 18 o

Alexander PUSCHKIN, russischer Dichter,
    ins Aserbeidschanische übersetzt 32 u, 58 u

Mikael RAFILI, 1905-1959, aserb. Mirza-Schaffy-Forscher,
    (s. Literaturverzeichnis),
    Monographie über Mirza Schaffy 70-82
    Texte Mirza Schaffys 80 f
    Urteile über Sseid Sade 71 M, 84 o, 86 F 1
    sonst erwähnt 62 o und u, 64 F 1, 69 F 1 (Mirza Schaffy von
        Bodenstedt "das Schaff" genannt), 84, 87 o, 88

Georg ROSEN, 1820-1891, deutscher Orientalist,
       mit Bodenstedt und Mirza Schaffy in Tiflis bekannt 30 u, 33 o, 36 o,
          53 M, 65 M

Friedrich RÜCKERT, 1788-1866, deutscher Dichter und Orientalist,
       Übersetzer orientalischer Lyrik 11 M, 18 M, 87 M

Jan RYPKA, "Literaturgeschichte Irans" (Tscheche),
       erwähnt keine aserbeidschanischen Texte Nisamis 26 F 1

SAADI, 1184-1283, persischer Dichter,
       Mirza Schaffy dichtet im Geist Saadis 54 M

Kassym-bek SAKIR, aserbeidschanischer Dichter, Mitte des 19. Jahrh.,
       bei Kotscharli erwähnt 60 o
          Gedichte Sakirs von Mirza Schaffy und Achundow herausgegeben
             (lt. Sseid Sade) 35 o

Graf Adolf Friedrich SCHACK, 1815-1894, Dichter, Übersetzer,
       Orientalist, 87 M

Mirza SCHAFFY (bei Sseid Sade: Mirsa Schafi Ssadyk-ogly "VASECH",
       aserb. Mirza Šefi Vazeh), passim

SCHAKIR, Aserbeidschanischer Dichter, Mitte des 19. Jahrh.
       Brief Schakirs an Sakir bei Sseid Sade erwähnt 35 o

Josef Viktor von SCHEFFEL, 1826-1886, deutscher Dichter und Schrift-
       steller,
       ebensoviel gelesen wie Bodenstedt 87 M
       Mirza Jussuf Vidadi Deckname für Scheffel (lt. Sundermeyer) 85 F 1

Gustav SCHENCK, Herausgeber des Briefwechsels Bodenstedts, 71 F 1

Adolf SCHOPENHAUER, deutscher Philosoph,
       von Kotscharli ins Aserbeidschanische übersetzt 59 o
       "schopenhauersche Verzweiflung" Bodenstedts (lt. Rafili) 72 M, 77 M

William SHAKESPEARE, englischer Dichter,
       sein "Othello" ins Aserbeidschanische übersetzt 59 o
       von Bodenstedt ins Deutsche übersetzt 20 u

W.A. SHUKOWSKIJ, 1783-1852, russischer Dichter und Übersetzer,
       Ssemewskij stellt Bodenstedt ihm gleich 73 o, 73 F 1

Friedrich Adolf SORGE, 1828-1906, deutscher Sozialist, Mitarbeiter von
       Marx und Engels,
       Polemik gegen Bodenstedt 43 M

SSABIR, aserb. Dichter gegen 1900,
    bei Mejlman erwähnt 59 F 1

SSALJANIN = Achund Mulla-ACHMED "Ssaljanin"

Ali Ashdar SSEID SADE, aserbeidschanischer Mirza-Schaffy-Forscher,
    zwei Monographien über Mirza Schaffy 1940 und 1969
    (s. Literaturverzeichnis),
    Sseid Sade über Mirza Schaffy und Bodenstedt 27-57
    Rafili über Sseid Sade 71 M, 84 o, 86 F 1
    sonst häufig erwähnt

M.J. SSEMEWSKIJ, russischer Journalist, Herausgeber der Zeitschrift
    "Russkaja Starina",
    besucht Bodenstedt in Wiesbaden 69 M, 69 F 1, 84 u
    vergleicht Bodenstedt mit Shukowskij 73 F 1

A. SSLIWIZKIJ, russischer Journalist in Tiflis,
    korrigiert eine russische Darstellung Mirza Schaffys 35 u
    gehört (lt. Sseid Sade) dem "Diwan der Weisheit" an 35 u

Kurt SUNDERMEYER (wie Bodenstedt aus Peine gebürtig), Vf. einer
    Kieler Dissertation über "Bodenstedt und die Lieder des
    Mirza Schaffy" (s. Literaturverzeichnis) 20 o, 70 o, 79 M, 85 o,
      85 F 1, 87 M

SUSANNA, georgische Geliebte Mirza Schaffys in Tiflis, 64 F 1

Lew Nikolajewitsch Graf TOLSTOJ, 1828-1910, russischer Schriftsteller,
    ins Aserbeidschanische übersetzt 58 u

N.G. TSCHERNYSCHEWSKIJ, 1828-1889, russicher (radikaler) Schriftsteller,
    lt. Sseid Sade guter Kenner Bodenstedts und Mirza Schaffys 50-51

D. TSCHIŽEWSKIJ, Slawist,
    Aufsatz "Zu den Übersetzungen Bodenstedts" 66 M

Feth-ULLA, persischer Außenminister in Täbris
    lt. Jenikolopow von Mirza Schaffy in Schutz genommen 63 M

Chadschi-Sseid und Dshalal UNSISADE, zwei Brüder, aserb. Schriftsteller,
    Herausgeber der Zeitschrift "Keschkul",
    von Sseid Sade erwähnt 48 u

Fürst Mechti Kuli chan USCHTSCHIMIJEW, aserbeidschanischer Schriftsteller,
    von Kotscharli erwähnt 58 u

Molla-Panach VAGIF (auch Bagif oder Bakif), 1717-1797, aserb. Dichter,
    bei Kotscharli 59 M, 59 u
    bei Mejlman 59 F 1

Hermann VÁMBÉRY, 1832-1913, ungarischer Turkologe,
    Verfasser des Werkes "Das Türkenvolk",
    erwähnt in einer Auslese aserb. Dichter Mirza Schaffy nicht
        13 u, 45 o, 58 M

"VASECH", Pseudonym Mirza Schaffys

Alexander Fomitsch VELTMAN, 1800-1870, russischer Schriftsteller,
    eins seiner Gedichte durch Mirza Schaffy ins Arabische über-
    setzt 65 o

Hassim B. VESIROW, aserbeidschanischer Literaturwissenschaftler und
    Dichter, Verfasser von "Muselmanische Literatur in Tiflis" 1895
    bei Caferoğlu erwähnt 45 u, 58 M
    bei Mejlman als Dichter aufgeführt 59 F 1

Veli VIDADI, 1709-1809, aserbeidschanischer Dichter, Freund Vagifs,
    bei Kotscharli aufgeführt 59 u

VIDADI, Pseudonym von Mirza JUSSUF "VIDADI"

E.Ä. WEIDENBAUM (Vejdenbaum), 1845-1919, russischer Literaturwissen-
    schaftler, "Kaukasische Erinnerungen an Puschkin",
    erwähnt (lt. Jenikolopow) einen Dichter Mirza Schaffy bei einem
        Empfang in Täbris 63 u, 63 F 1
    erkennt ihn aber (lt. Sseid Sade) nicht als den bekannten Mirza
        Schaffy Vasech 50 M

Der "WEISE VON BAGDAD" (Bezeichnung Bodenstedts für Mirza JUSSUF
    "Vidadi")

Der "WEISE VON GANDSHA" (Bezeichnung Bodenstedts für Mirza Schaffy)